# 揺れる欧州統合
# 英国離脱の衝撃

聖教新聞 外信部 編



第三文明社

# はじめに

樹下《きのした》　智《さとし》（聖教新聞 外信部記者）

二〇一六年六月二十四日、私は編集局フロアのテレビに映る英国放送協会（ＢＢＣ）の開票速報にくぎ付けになっていた。現地時間の前日に行われた、英国のＥＵ（欧州連合）離脱（＝ブレグジット）の賛否を問う国民投票の結果が、明らかになろうとしていた。

正午過ぎ。「離脱派の勝利確実」のニュースが世界中を駆け巡った。「まさか」の結果に、異様な緊張が編集局フロアに走る。ＥＵは瓦解《がかい》してしまうのではないか――欧州統合を揺るがす未曽有《みぞう》の衝撃が、国際社会を震撼《しんかん》させた。

この日の午後、ドル円相場は七円以上も円高に振れて、一ドル百円を割り込んだ。東京証券取引所はじめ各国で株価が暴落。なんと二十四時間のうちに、世界の金融市場で二百兆円もの資産が吹き飛んだという。

ブレグジットという投票結果を受けて、聖教新聞外信部として当初予定していた欧州の識者への取材に加え、企画取材を行うことになり、幸運にも私が派遣された。歴史的な決断を下した英国社会に飛び込み、自らの目で確かめ、読者に伝えられることに、武者震《むしゃぶる》いするような高揚感《こうようかん》を覚えた。そして何より、平和、文化、教育を追求する創価学会の機関紙である聖教新聞の記者として、この世界史的な出来事の背景を探ることへの使命感を抱いた。

かくして七月二十一日から八月八日までの十九日間、オランダの首都アムステルダムから始まり、ロンドン、オックスフォード、ベルファスト（北アイルランドの首府）、エディンバラ（スコットランドの首府）など英国の各都市を訪問取材。その内容を「揺れる欧州統合　英国離脱の衝撃」というタイトルで、八月七日付から九月二十五日付の八回にわたり日曜日付の十二面に連載した。

この連載をもとに、これまで聖教新聞が取材し、掲載してきたインタビュー記事を併せたのが、本書である。

第一章に全八回の同連載を収録。また第九回として、連載に含めることのできなかった、英国の最大野党・労働党を巡る事柄を「補遺《ほい》」として掲載する。

第二章では、同連載の取材で話を聞いた学識者のインタビューを紹介する。

第三章では、これまでの聖教新聞オピニオン欄で、今回のブレグジットに至る事情の理解に資する記事を転載させていただいた。

一本目は、国民投票の実施を決定的なものにした二〇一五年総選挙での保守党大勝について、アメリカン・エンタープライズ政策研究所の加瀬みき客員研究員に解説していただいたもの（一五年五月二十四日付）。

二本目は、ギリシャ危機、難民問題など正念場を迎えるEUの課題について、オックスフォード大学のジェームズ・ティリー教授に聞いている（同年十月十八日付）。

最後は、遠藤乾《けん》・北海道大学大学院教授へのインタビュー記事、「『EU離脱』を決めた英国民投票　欧州複合危機の脅威《きょうい》が眼前に」である（一六年六月二十五日付）。

国民投票直後の英国を訪れ、取材した感想をひとことで言うならば、離脱を支持した人たちの思いが予想以上に強く、また説得力のあるものだった、ということになる。

今回の国民投票で最大の焦点になったのは、急増する移民を規制すべきか否《いな》かという点だ。欧州単一市場へのアクセスを諦《あきら》めてでも、規制すべきという意見の人が実に多かった。ただし、それと同じぐらい、EUに残留すべきとの声もまた多かった。

各地を歩いて気付いたことは、取材する私自身の「英国はEUを離脱すべきではない」という思い込みが強すぎることだった。

一般に日本のニュース報道では、大衆迎合主義、つまりポピュリズムと、反エリート、反グローバル主義の台頭が、ブレグジットの本質であるかのように喧伝《けんでん》されている。ある面は事実であるが、問題はそれほど単純ではない。移民が増加したために、子どもを近くの小学校に通わせられない、病院での待ち時間が延びたなどの生《なま》の声を聞くと、私たちが思っている以上に、現実生活での〝リアル〟な懸念《けねん》として、この問題は捉《とら》えられていた。

移民問題が、現状に対する不満のはけ口にされている側面もある。だが、離脱を支持した人たち全員に、排外主義者やポピュリストに煽動《せんどう》された人々というレッテルを貼るのは、ブレグジットが提起する問題の本質に迫る上で、あまりに短絡的だと気付いた。

幸いにして、この連載は多くの読者を得ることになり、たくさんの反響をいただいた。全八回の連載を終えた後、ある読者の方から「単純な因果関係に落とし込めようとせずに、複雑な事情を丁寧《ていねい》に伝えようとしていると感じた」との感想のメールをいただいた時は、まさに「我が意を得たり」と感激した。

また、別の読者の方からは、第二回「英国独立党を選んだ街」の最後の部分に記した「離脱投票の幅広く複雑な理由を探るのは、まるで英国人を知るための推理小説のようだ」との表現に、「強く共感した」との感想をいただいた。これもまた、ブレグジットの真相を追って取材した率直な感懐《かんかい》である。アーサー・コナン・ドイル作の「シャーロック・ホームズ」シリーズに典型的なように、推理小説には謎を解く鍵となる伏線《ふくせん》が隠されている。名探偵は伏線として描かれる事柄を決して見落とさない。それと同じように、世界史的な出来事であるブレグジットを先入観にとらわれた眼で見ていては、とうていEU離脱という大事件の真相にたどり着けないだろう。

欧州で第二次世界大戦後から今日まで培《つちか》われてきた、地域統合、国家主権の共有という屋台骨が今、揺らごうとしている。その複雑な現実を直視することは、国際社会の今後を展望する上で必須であろう。三十歳という若輩《じゃくはい》の一記者にとって僭越《せんえつ》であることは承知の上だが、本書がその一助になれば、これにまさる喜びはない。読者諸賢の厳しい叱正《しっせい》を待つものである。

本書は、大勢の方々の支援があり発刊にこぎつけることができた。心から御礼申し上げたい。とりわけ、私に米国で学ぶ機会を授けてくださった、母校アメリカ創価大学（カリフォルニア州オレンジ郡に二〇〇一年に開学した教養大学）の創立者・池田大作先生に、衷心《ちゅうしん》よりの感謝を捧げたい。

アメリカ創価大学は、「貢献的人生を生きゆく世界市民の確固たる潮流を築く」を建学の理念としている。ブレグジットを巡る探訪の取材は、まさに「世界市民の潮流」とは何かを考えさせられる旅であった。激動する現代社会において、果たして〝誰も置き去りにしない〟健全な民主主義に則《のっと》った、市民の連帯を築くことが可能だろうか――。

その答えを探すために、一二一五年のマグナ・カルタ（英国憲法の土台となった文章）以降、世界の民主主義を先導してきた英国人を知るという「推理小説」を継続的に読み進める覚悟である。

# 揺れる欧州統合　英国離脱の衝撃　目次

## 第二章　英国離脱の衝撃――識者に聞く

第一回　アナンド・メナン教授　ロンドン大学キングスカレッジ
――メイ政権は移民の規制を優先　108
第二回　レム・コールタウェグ主任研究員　英シンクタンク「欧州改革センター」
――未曽有の難局に山積する課題　112
第三回　ジュリエット・カーボ教授　エディンバラ大学
――連合王国は自己同一性（アイデンティティー）の危機に　116
第四回　ロデリック・ワイ氏　王立国際問題研究所アソシエイト・フェロー
――英中の「黄金時代」は継続するか　120

## 第三章　英国離脱に至る歩み——オピニオン２０１５〜２０１６

第一回　加瀬みき客員研究員　アメリカン・エンタープライズ政策研究所
——英国総選挙——保守党が「驚きの勝利」　126

第二回　ジェームズ・ティリー教授　オックスフォード大学
——正念場迎えるＥＵ統合　136

第三回　遠藤 乾教授　北海道大学大学院
——「ＥＵ離脱」を決めた英国民投票　146

あとがきにかえて　聖教新聞外信部長・野山智章　157

解　題　北海道大学大学院教授・遠藤 乾　164

資　料　欧州統合・略年表　174

［執筆・インタビュアー］樹下 智　※第三章第一回のみ光澤昭義と共に
［装幀・本文レイアウト］㈲サンユウシステム　平柳豊彦・平柳直彦
［地図作成］㈱クリエイティブメッセンジャー

# 揺れる欧州統合　英国離脱の衝撃

## 第1章

本章「揺れる欧州統合　英国離脱の衝撃」では、国民投票から１カ月が過ぎた英国を訪れ、各地を取材した模様を識者の見解を交えて伝える。

【写真】国民投票の結果を報じる英国内の新聞各紙（picture alliance ／アフロ）

# 第一回

## メイ新首相が誕生
## 危機の時代に現れた女性リーダーに期待

英国の欧州連合（EU）離脱（Brexit＝ブレグジット）決定の衝撃に、世界が揺れている。第二次世界大戦の廃虚《はいきょ》から立ち上がり、統合を深化させてきた欧州。世界第五位（二〇一五年）の経済大国であり、国連安保理・常任理事国の一角である英国の離脱の影響は計り知れない。

二〇一六年七月に誕生した「テリーザ・メイ首相」。英国民は新首相に何を期待するのか。その人物像と併せて紹介する。

## サッチャー氏の再来か

七月下旬の金曜日。ロンドンの金融街「シティ」は、せわしなく歩き回るビジネスマンたちと、カメラを片手に散策する観光客でにぎわっていた。この日の夕刊トップは「ポンド安の影響でロンドンへの訪問者が急増」。国民投票後のポンド急落により、ロンドンには、ここぞとばかりに観光客が押し寄せている。いわゆる「ブレグジット・ブーム」だ。

シティのシンボルの一つである王立取引所（証券取引所）のカフェに立ち寄ると、多くのテーブルで、ビジネスマンたちが商談や面接を行っていた。日本でいう日銀にあたるイングランド銀行や王立取引所の関係者も愛用しているという。

責任者のマニュエル・ポルトネイトさんは国民投票後の雰囲気をこう振り返る。

イングランド銀行（左）
と王立取引所
©Seikyo Shimbun

「最初の一週間は、異様な空気が漂《ただよ》っていました。お客さまとの会話や表情で分かります。でもすぐに普段通りになりました。皆さん今は休暇のシーズンなので、本当の影響が出始めるのは九月以降ではないでしょうか」

取引所を訪れていた、シティを拠点とする会社にマネジャーとして勤めるフィリップ・ハリスさんに、ブレグジットの影響について聞いてみると、「今のところ最小限に抑えられていると思うよ」と率直に答えてくれた。新政権への期待の声が、特に印象的だった。

「テリーザ・メイ氏の首相就任は、非常に好意的に受け止められていると思う。強くて決定力のあるリーダーだから。こう言うのは少し早いかもしれないが、マーガレット・サッチャー*首相の再来かもしれないね」

*マーガレット・サッチャー　一九二五〜二〇一三。一九七五年から保守党の党首を務め、七九年に英国初の女性首相に就任。経済改革に取り組み、英国経済を立て直した。強硬な政治姿勢や強気な外交政策から「鉄の女」と呼ばれた。国家の主権を重視し、欧州統合には批判的な姿勢を貫いた。

## 冷静でタフな「氷の女王」

「ブレグジットだと言ったらブレグジットだ」

ブレグジットという〝まさか〟の結果に戸惑《とまど》う国民、そして国際社会に対して、英国は「離脱」の方向へ動き出すと、メイ首相は明言。この言葉は、現政権を特徴付けるスローガンとして、英国各紙で引用されている。

「ブレグジットは英国にとって戦後最大の改革になるでしょう。ブレグジットがなければ、おそらくメイ首相は誕生していなかったですし、この政権はブレグジットを推進するために発足しました。まさに〝ブレグジット首相〟と呼べるのではないでしょうか」と、欧州改革センターのレム・コールタウェグ主任研究員は分析する。

メイ首相は国民投票でＥＵ残留を支持したが、積極的な活動は行わなかったため、残留と離脱で分裂した保守党の党内融和《ゆうわ》を実現できる人物と目された。だが、それだけでは党首選の候補にすら上がらない。二〇一〇年から内務大臣を務め、警察改革、犯罪率の低下などで指導力を発揮。この百年間で最長である六年間の内相経験は「確かなリーダーシップ」の裏付けとして説得力があった。

残留を強く訴えてきた「フィナンシャル・タイムズ」紙は、他候補ではなく、メイ氏がダウニング街十番地（首相官邸）に収まったことは、「英国はまだ完全にはおかしくなっていないという希望をいくらかもたらしてくれた」と論評している。

メイ首相は一九五六年、英国南部のイーストボーン生まれ。オックスフォード大学卒業後、イングランド銀行を経て九七年、三度目の挑戦で下院議員になる。

九九年、当時は野党だった保守党の「影の内閣」に入閣し、二〇〇二年、女性初の保守党幹事長に就任。年次党大会で、保守党は弱者に冷たい「意地悪な政党」と呼ばれているると断言し、「英国社会のあらゆる階層の人々の共感を得なければならない」と党改革を訴えた。物怖《ものお》じせず、冷静に、着実に仕事をこなすタイプで、他の政治家たちと無駄話をしないことから「氷の女王」とも呼ばれていた。「鉄の女」の異名をとったサッチャー首相とよく比べられる。最新の世論調査でもサッチャー氏と比較されており、労働党のジェレミー・コービン氏との党首討論に強い態度で臨む姿が「サッチャー氏を彷彿《ほうふつ》させた」と話題に。

政権発足後の百日間は高支持率が期待される「ハネムーン」の時期ではあるが、迅速《じんそく》な組閣、欧州各国の歴訪など強いイメージを持つ女性リーダーを、英国社会は大きな期待を持って歓迎しているようだ。

「鉄の女」と呼ばれたサッチャー首相（右）と比較されるテリーザ・メイ首相
(Press Association ／アフロ)

## 分断された社会の修復へ

メイ首相が下院議員として選出されている選挙区にあるソニングを訪れ、街の人の声を聞いてみた。

親戚や友人がソニングに住んでいるというシェリー・デイビスさんは「メイ首相は自分の選挙区の住民をとても大事にしていると聞いています。メイ首相なら、他のEU諸国とうまく交渉して、英国にとって最善の道を実現してくれると信じています」と期待をにじませていた。

ロンドンから東へ五十キロ。テムズ川の河口に向かって電車で一時間ほど走ると、欧州有数の港ティルベリーがある。ここには、ヘンリー八世が築いた要塞《ようさい》があり、十六世紀以降、首都防衛の要《かなめ》となってきた。スペインの無敵艦隊が来襲したアルマダ海戦*（一五八八

英女王・エリザベス1世の肖像画
（写真提供：akg-images ／アフロ）

年）の際には、エリザベス一世がティルベリーを訪れ、戦いに備える兵士たちを激励した。

「私の肉体は、か弱い女性のそれであるかもしれないが、私は王者の心根を持ち合わせている」。要塞のガイドは、女王の言葉が兵士たちをいかに奮い立たせたかを説明していた。

英国は国家的な危機に直面した時、運命的な女性リーダーが登場してきた。

メイ首相は就任演説でこう述べた。

「私たちはEUからの離脱を進めながら、世界の中で強く、新しく、前向きな役割を築き上げる。英国を特権階級だけでなく、全ての人が恩恵を受けられる国にする」

引き裂かれた英国社会を融和させることができるのか――自由と民主主義の沃野《よくや》を開いてきた英国の未来は今、新たな女性リーダーの手に委《ゆだ》ねられている。

＊アルマダ海戦
一五八八年に英国海峡で行われた海戦。英国・スペイン間の対立から、スペインは英国侵攻を開始。スペイン海軍は「無敵艦隊」と呼ばれ当時最強とされていたが、英国軍はこれを撃破した。

# 第二回

## 英国独立党《UKIP》を選んだ街

### 移民増への不満と大政党への不信煽《あお》る

「六月二十三日をこの国の独立記念日として歴史に刻みましょう！」――国民投票（二〇一六年六月二十三日）の翌日、英国独立党（UKIP《ユーキップ》）のナイジェル・ファラージ党首はこう宣言した。移民問題を争点化し、離脱派を牽引《けんいん》したUKIPの存在なくして、今回のブレグジットという結果はあり得なかっただろう。

同党でただ一人の下院議員を選出している選挙区・クラクトン（イングランド東部エセックス州）を探訪した。

## 七割がブレグジット支持

クラクトン・オン・シー駅のホームに降り立った瞬間、カモメの鳴き声が聞こえてきた。構内に吹き込む潮風が心地よい。ここはロンドンから電車で二時間ほどで行ける、海辺のリゾート地だ。

「クラクトン・ピアー」と呼ばれる海に突き出した桟橋《さんばし》には、遊園地やレストランが併設された複合施設が。日曜日ということもあって、家族連れで海水浴に興《きょう》ずる人々でごった返していた。

孫の手を引くインド系のお年寄り、わが子を大事そうに抱える中東系の母親、はしゃいで遊ぶ白人の男の子たち……。〝人種のるつぼ〟ロン

街一番の名所「クラクトン・ピアー」は大勢の観光客でにぎわっていた
©Seikyo Shimbun

ドンと何ら変わらない光景を目《ま》の当たりにすると、ここが最も反ＥＵ色の強い街の一つであるとは想像しづらい。

だがクラクトンは、国民投票で六九・五パーセントが離脱を選択した自治体の中心地だ。

観光客でにぎわっていたビーチを離れて、区役所に向かった。役所から百メートルほどの建物の二階部分に「ダグラス・カーズウェル下院議員の選挙区事務所」と記された看板が掲げられていた。

カーズウェル氏はクラクトン選挙区から選出されている、ＵＫＩＰ*唯一の下院議員だ（英国下院は定数六百五十議席）。氏は二〇一四年、ＥＵ離脱を推進しない保守党執行部に愛想を尽かし、ＵＫＩＰへ。クラクトンにおいて、同年の補欠選挙と一五年の総選

UKIP ただ一人の下院議員カーズウェル氏（2014 年 10 月、クラクトン・オン・シーの同党事務所で／ AFP =時事）

挙で勝利している。

クラクトンに四十年前から住む七十歳のケネス・ラムジーさんはこう語っていた。

「ダグラスは素晴らしい議員だ。私も何度か話したことがある。皆の誇りさ。総選挙では彼を応援して、国民投票では離脱に投票したよ。この三、四年で移民が増えて困っているからね。ロンドンばかり豊かになるのが気にくわない人も多いと思う。それにもう、EUにああしろこうしろと指図《さしず》されたくないからね」

## 国民投票の急先鋒となる

UKIPの結党は一九九三年。ファラージ党首は保守党員だったが、EU創設を定めたマーストリヒト条約*にジョン・メージャー首相が署名したことに失望。離党してUKIP創設メン

*UKIP
英国独立党のこと。United Kingdom Independence Partyの頭文字から「UKIP」と呼ばれる。欧州懐疑主義を掲げ、一九九三年に設立。近年、勢力が拡大しており、二〇一四年の欧州議会議員選挙では第一党、一五年のイギリス総選挙では得票率で第三党に躍進した。

*マーストリヒト条約
一九九一年十二月、EC首脳会議で採択されたEU創設のための条約。欧州連合条約。単一通貨ユーロの発行スケジュールが盛り込まれた。九二年二月にオランダ・マーストリヒトで調印され、九三年十一月に発効し、EUが発足した。

バーに加わった。

反EU感情を吸収していく形で、UKIPは徐々に勢力を伸ばし、ファラージ党首は欧州議会議員となる。

英国下院の選挙制度は「単純小選挙区制」のため、主要政党以外は議席獲得が難しい。昨年の総選挙でのUKIPの得票率は一二・六パーセントだが、下院で一議席にとどまっている。

一方、欧州議会議員選挙は「比例代表制」を採用している（北アイルランドを除く）。UKIPは二〇一四年の選挙で二七・五パーセントの得票を得て、英国本島に割り当てられた七十議席中二十四議席を獲得。第一党に躍進した（下図参照）。

焦ったのは親EU派と反EU派の党内対立が深刻な保守党だ。支持層を切り崩されることもさることなが

2014年欧州議会選挙　党派別得票率と議席（英国本島）

| 党　派 | 投票率（%） | 前回比（%） | 議席数 | 前回比 |
|---|---|---|---|---|
| UKIP（英国独立党） | 27.5 | △11.0 | 24 | △11 |
| 労働党 | 25.4 | △9.7 | 20 | △7 |
| 保守党 | 23.9 | ▼3.8 | 19 | ▼7 |
| 緑の党 | 7.9 | ▼0.7 | 3 | △1 |
| スコットランド国民党 | 2.5 | △0.3 | 2 | ±0 |
| 自由民主党 | 6.9 | ▼6.9 | 1 | ▼10 |

選挙の結果、UKIPが70議席中24議席を得て第1党に。自由民主党は大幅減で1議席にとどまった。投票率は35%と低調だった。　（出所：英国下院図書館）

ら、カーズウェル氏のようにＵＫＩＰに移る議員が続出することも懸念された。

総選挙に向け党内団結を図るため、国民投票を公約したデイビッド・キャメロン前首相に圧力が掛かる。結果はまさかの離脱となり、現在に至る。

ＥＵ離脱を心の底から喜んだＵＫＩＰの党員たちだった。ところが、ファラージ党首は「目的は達成された」「普通の生活に戻りたい」と記者会見して党首の辞任を表明。英国がＥＵに支払ってきた拠出金を国営医療制度に充《あ》てる、との選挙期間中の公約を「間違いだった」と撤回《てっかい》。無責任と批判されている。

ロンドン大学キングスカレッジのアナンド・メナン教授は、ＵＫＩＰの躍進を次のように分析する。

「英国政治において移民問題を争点化したことがＵＫＩＰの最大の〝実績〟といえます。『ＥＵ残留＝移民問題の深刻化』という構図をつくりあげたのです。そして国民投票で離脱派は勝った。ブレグジットの後も、移民流入がしっかり規制されるまでＵＫＩＰは影響力を維持し続けるでしょう。次の総選挙（二〇二〇年）では、下院の議席を増やすかもしれません。保守党、労働党の出方次第です」

## 古き良き時代への追憶か

二〇〇四年、ＥＵの拡大で東欧諸国の加盟が実現して以来、安定した職業や社会保障を求めて、多くの移民が英国に押し寄せた。二〇一五年だけで約三十三万人も増加している。

「子どもが最寄《もよ》りの学校に通えない」

国民投票の結果が判明した６月24日、ロンドンの国会議事堂前で演説するファラージ党首（ロイター／アフロ）

「病院での待ち時間が大幅に延びた」

こうした不満が各地で増幅《ぞうふく》。移民問題を媒介《ばいかい》に、中間層の所得伸び悩みと、エリート政治へのいら立ちが募《つの》り、ＥＵ離脱の原動力となった。

しかしながら、クラクトンの移民の割合は他地域と比べ低い。ビーチこそ、多様な人種の観光客でにぎわっているが、クラクトン居住者の多くは英国生まれの白人。地域の外国人の割合は約四パーセントである。

またクラクトンは近年、退職後の居住地として人気を博しており、二十年以内に人口の六割が六十歳以上になるといわれている。

外国メディアもクラクトンに注目。米紙「ニューヨーク・タイムズ」は、クラクトンがＥＵ離脱を支持した理由は、「（移民への）恐怖でも怒りでもなく、古き良き時代への追憶である」

との論説を掲載（二〇一六年七月十日付）。眼前の脅威《きょうい》というより、自分たちのアイデンティティー（自己同一性）を守りたいという強い思いが投票行動に結び付いたと分析する。

ロンドンに戻る前に、クラクトンに隣接し、同じ選挙区に所属する町ジェイウィックも訪れた。英国で最も貧しい地域として知られ、労働世代の半数以上が社会福祉の受給者だ。政府援助の仮設住宅が立ち並び、傷《いた》んだ壁に囲まれた家々が軒《のき》を連《つら》ねていた。

ここの住民もまたＵＫＩＰを支持しているという。「移民よりもまず自分たちを優先せよ」との意思の表れだろうか。

離脱投票の幅広く複雑な理由を探るのは、まるで英国人を知るための推理小説のようだ。年齢層や所得、移民による直接の影響の有無など、ＵＫＩＰ支持者の実情は多様である。だが、「エリート政治への不信」「自己決定権・アイデンティティーの優先」

という点は共通する。

ブリュッセルのＥＵ官僚、ロンドンの議会政治家や官僚を批判し、支持を広げてきたＵＫＩＰ。「決定権を取り戻そう」と呼び掛け、政治不信や自尊心を煽《あお》る彼らはしたたかだ。

既存の大政党が大衆の信頼を失った時の民主政治の脆《もろ》さを実感した、クラクトン訪問だった。

# 第三回

## 北アイルランド問題、再燃か？

### 国境規制の懸念と
### 南北統一の機運

英国の正式名称は「グレートブリテン及び北アイルランド連合王国」。イングランド、ウェールズ、スコットランド、北アイルランドの四つの国が、一つの主権国家を構成している。ブレグジットによって今、歴史的に抱える亀裂が生々しく表れてきた。

北アイルランドの首府ベルファストを探訪し、ブレグジットの影響を取材した。

## 「タイタニック号」建造の街

ジェット機がゆっくり高度を下げ、薄い雲を突き抜けると、窓の向こうに鮮《あざ》やかな緑の海岸線が現れた。眼下に広がる湾岸には「H&W」と記された黄色い超大型クレーンがそびえ立つ。世界の造船業をリードしてきた重工業メーカー（ハーランド・アンド・ウルフ）のもので、ベルファストのシンボルの一つだ。

着陸しタラップを降りると、海から風が吹きつけ、真夏なのに少し肌寒い。だが、真冬も暖流の関係でさほど気温は下がらず過ごしやすいという。

「気候もいいし海も緑も美しい。最高の環境だよ。教育水準も高いし、物価も安いから、子どもを育てるには格好だ。最近は、多国籍企業もたくさん進出しているんだ」と、空港から市街地までの道中、タクシー運転手のヒュウ・バージェスさんが誇らしげに話してくれた。

　アイルランド島の北東部アルスター地方の六州が、英国領の北アイルランド。首府ベルファストは、あの悲劇の豪華客船「タイタニック号」が建造された街であり、博物館「タイタニック・ベルファスト」には、大勢の観光客が列をなしていた。

　バージェスさんは「それも全て（北アイルランド）紛争が終わってからのことだけどね」と語る。

「昔はよく銃声や爆発音が聞こえてきたよ。この十数年で本当に良くなった。今では『紛争が本当にあったの？』と聞いてくる旅行者もいる。ブレグジットでまた問題が再燃するって言う人もいるけど、苦労して築いた平和がそんなに簡単に崩れてほしくないと願っているよ」

タイタニック号が建造された場所に立つ博物館「タイタニック・ベルファスト」。豪華客船の沈没事故100年を悼む事業の一環として建てられた
©Seikyo Shimbun

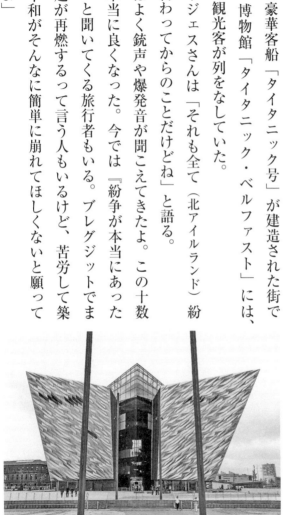

## 多数がEU残留を支持

北アイルランドでは一九六〇年代から、九八年の労働党ブレア政権下での和平合意まで、プロテスタント住民とカトリック住民の対立による激しい紛争が続き、三千人以上が犠牲になった。

イングランドの本格的なアイルランド支配は、十七世紀にさかのぼる。もともとアイルランドはカトリックの国。プロテスタント化したイングランドは、アルスター地方内の領土を得た後、そこに多くのプロテスタント信者を入植《にゅうしょく》させた。

一九一九年、アイルランド独立戦争が勃発《ぼっぱつ》。後のアイルランド共和国が誕生するが、プロテスタントが多数を占めるアルスター地方の六州、つまり北アイルランドは英国統治下に残った。

造船業の世界的拠点であった工業都市ベルファストを手放すの

を英国が拒《こば》んだからという。

独立闘争を遂行したアイルランド共和軍（ＩＲＡ）は南北統一を目指してゲリラ戦を継続。六〇年代、少数派で差別を受けてきたカトリック住民の公民権運動を契機に、アイルランド南北統一派（カトリック系）と英国統治派（プロテスタント系）の武装勢力が市民を巻き込んだ銃撃戦、テロ活動を展開し、泥沼化した。

九八年の和平合意以降、両派参画の北アイルランド政府と議会が成立。現在、英国統治の強硬派「民主統一党」が第一党で、南北統一の強硬派「シン・フェイン党」が第二党。両派が連立政権を組む。

ＥＵ離脱を決めた国民投票では、北アイルランドは五五・八パーセントが「残留」を選んだ。アイルランド共和国と陸地で国境を接しているため、「離脱」のリスクは相当に高い。今はアイルランド共和国もEUに加盟しているので自由に往来できるが、ブレグジットによって国境規制を始めなければならない可能性があるからだ。実際、国境に接している投票区では「残留」が「離脱」を圧倒した。

状況はさらに複雑で深刻である。民主統一党は「離脱」を支持。一方、「残留」を支持したシン・フェイン党はブレグジットを受けて、今こそ南北アイルランド統一を懸けた住民投票を行うべきであると主張する。英国がEUに加盟していることで抑制されていた南北統一への機運が、再び高まろうとしているのだ。

九八年の合意は、アイルランド共和国との国境規制がないことで南北統一派に一体感を持たせ、連合王国の一部であることで英国統治派も満足させ、経済的には英国の一部でEUの一部でもあるという利点を強調するという〝いいとこ取り〟を指向したものだった。だが、ブレグジットは、この枠組みを壊してしまった。

米誌「タイム」（二〇一六年七月十九日）は「ブレグジットはアイルランドを統一できるのか」との記事で、「長年の宗派対立が助長《じょちょう》されたことだけは確か」と断じている。

## 分断されたままの地域

ベルファストで、プロテスタント住民とカトリック住民の居住区が混在する地域を訪ねた。案内してくれたのは観光ガイドのパトリック・マコーリーさん。

カトリック教徒だが、妻はプロテスタント信者だという。「宗派を超えた結婚は全体の五パーセントに満たないんですよ。珍しいでしょう」と笑顔でガイドを始めてくれた。意見が合わないこともあるのではと聞くと、「私は南北統一を望んでいて、妻は英国に残るべきだと言っています。でも私たちは『同意しないことに同意』していますから」と。

プロテスタント住民の居住区には、英国旗が街中に掲げられている。逆にカトリック住民の居住区ではアイルランド共和国の旗だ。双方の居住区の至るところで、紛争で亡くなった若者たちの絵が壁一面に描かれていた。武装した若者たちは、一方にとっては〝英雄〟であり、もう一方にとっては〝殺戮者《さつりくしゃ》〟である。

街の雰囲気で、どちらの居住区かが一目瞭然《いちもくりょうぜん》で分かる。プロテスタントとカトリックが均衡《きんこう》に入り交じる地域ほど、紛争の被害が大きかった。全犠牲者の四人に一人が、そうした地域で命を落としたという。現在も、双方の居住区を遮《さえぎ》る巨大な壁が残されていて、夜になると門が閉まる。紛争の傷跡と分断の遺産は、今でも色濃く街に刻み込まれている。

プロテスタントの居住区には英国旗が至るところに。壁には南北統一に反対する絵が描かれている
©Seikyo Shimbun

プロテスタントとカトリックの居住区は壁やフェンスで分けられており、両側をつなぐゲートは夜になると閉まる
©Seikyo Shimbun

カトリックの居住区。アイルランド共和国の旗が掲げられている。フェンスの奥はプロテスタントの地域
©Seikyo Shimbun

「それでも」とマコーリーさんは強調する。

「この二十年でかなり改善されました。〝壁〟を越えての青少年交流も行われています。未来は明るいと信じています」

今回の国民投票は、「プロテスタント＝英国統治派＝ＥＵ離脱支持」「カトリック＝南北統一派＝ＥＵ残留支持」という単純な構図では決してない。事実、英国統治派の政党間でも意見が分かれている。だが結果として、ブレグジットは、双方の亀裂を広げつつある。数世紀にわたる対立の歴史を乗り越え、和解の道を歩んできた北アイルランドは今、岐路《きろ》に立たされようとしている。

# 第四回 スコットランドへの波紋

## 連合王国からの独立問い
## 再び住民投票の可能性

テリーザ・メイ首相が新政権を発足させた翌日の二〇一六年七月十五日、真っ先に向かった場所。それは、イングランド、ウェールズ、北アイルランドとともに連合王国を構成するもう一つの国・スコットランドだ。同国のニコラ・スタージョン首席大臣はメイ首相との会談を受け、英国からの独立を問う二度目の住民投票を含めた「あらゆる選択肢」を考慮すると表明した。首府エディンバラで取材した内容を伝える。

## 市民が活発に政治議論

英国で一番美しい街——スコットランドの首府エディンバラはこう称えられている。首都ロンドンとは雰囲気が全く違う。歴史の重みを感じさせる古都は、街そのものが世界遺産に登録されている。

空港から市街地に近づくと、遠く岩山の上に、堅固な要塞が見えてきた。街のシンボル「エディンバラ城」だ。現存する最古の建物は十二世紀のものだという。まるで中世にタイムスリップしたような世界が、そこには広がっていた。

訪れたのは八月四～五日。折しもこの日は、

数世紀にわたりスコットランド王の住居となった「エディンバラ城」。夏の祭典の期間は手前の広場に特設ステージが設けられ、伝統衣装を身にまとった軍楽隊のショーが毎晩のように行われる

©Seikyo Shimbun

世界最大級の芸術祭「エディンバラ・フェスティバル」の真っただ中だった。各国の言語が飛び交い、至るところで音楽家や大道芸人が、道行く観光客を楽しませていた。毎晩、数え切れないほどの公演が行われる。まさにエディンバラは、歴史と文化の世界都市だ。

だが、毎夏の祭典も二年前はいつもと景色が違った。英国からの独立の賛否を問う住民投票（二〇一四年九月十八日）を目前に控えていたからだ。

「バスの停留所やパブでも盛んに議論が交わされていて、演奏や演劇も政治的なテーマが多かった」と、エディンバラ大学のジュリエット・カーボ教授は振り返る。米国出身の学者として、二年前の住民投票と、英国のＥＵ離脱を決めた国民投票を現地で分析してきた教授は、こう強調していた。

「スコットランド独立は〝抑え切れない民族主義からの挑戦〟

とする誇張《こちょう》されたイメージが国際社会に伝わっていますが、それは違います。住民にとってはもっと現実的で切実な問題です。二度目の住民投票も十分にあり得る選択肢です」

## 全地区でEU残留支持

数百年続いたスコットランド王国は、一七〇七年にイングランドに合邦《がっぽう》された。自治への試みは続くが、本格的な「(中央政府からの)権限委譲」が開始されたのは一九九〇年代だった。

スコットランド出身のトニー・ブレア首相の主導で地方分権政策が進められ、九九年、約三百年ぶりに自治政府と議会が再開。それでもなお「独立」の機運は高まり続けた。

二〇一一年、英国からの独立を党是《とうぜ》に掲げるスコットランド国民党*(SNP)がスコットランド議会で単独過半数を獲得す

*スコットランド国民党
一九三四年に設立された政党。スコットランド人の独自性を重視し、英国からの分離・独立を主張している。

ると、一四年の住民投票の実施が決定。事前の世論調査では、一時、独立賛成が反対を上回ることもあった。結果は反対五五・三パーセント、賛成四四・七パーセントで英国残留が決まったが、いつまでも消えない恨み、口惜《くちお》しさという眠っていた感情、歴史がよみがえったとの見方もある。

そしてブレグジットによって今、新たな展開を迎えている。スコットランドでは、残留が六二パーセントで離脱が三八パーセント。三十二の全ての地区でEU残留派が勝利した。

国民投票の翌六月二十四日、スタージョン首席大臣は「民主主義の観点から受け入れがたい」との声明を発表。EUに残るため、スコットランドの民意を反映しない英国からの独立の賛否を問う、二度目の住民投

英国のメイ首相（左）は政権発足の翌日（7月15日）にエディンバラを訪れ、スコットランドのスタージョン首席大臣と会談した（代表撮影／ロイター／アフロ）

票を示唆《しさ》したのだ。

それもそのはずである。二年前の住民投票の際、独立反対派は「英国から独立すればＥＵに残れるか分からない」と主張。ＥＵ内には、分離・独立問題を抱える国が他にもあり、スコットランドのＥＵ加盟を認めないことが予想されるからだ。しかしブレグジットによって、全く逆の結果となってしまった。

ＳＮＰは難しい立場に置かれている。敗北はもう許されない二度目の住民投票に臨むには、ＥＵと英国、ＥＵとスコットランドの関係の先行きがあまりに不透明だからだ。独立後のＥＵ加盟の保証はまだなく、近年の石油価格の下落によって、独立後の収入源として期待される北海油田からの歳入も当てにできない。

国民投票直後の世論調査では、二度目の住民投票を行うべきとの意見のほうが強かったが、最近は慎重意見が多数を占めつつある。エディンバラで取材したある日本政府関係者はこう語っていた。

「ブレグジットを利用して、さらなる権限委譲を中央政府から引き出すべきとの主張も目立ってきています。ＥＵ離脱がもたらすであろう変化に対する恐れと、英国からの独立がもたらすであろう変化に対する恐れ。後者の恐れは再度の独立住民投票で独立派が過半数を占めなければ現実にはなりませんが、この二つの恐れがスコットランドの人々に迫っている。それぞれが具体的にどのような姿になるかが明らかでないことも、不安を高める要因になっています」

## 現実性欠く経済的自立

「君は一番いい時に英国に来た。誰も何も分からない不安定な時期だから、何を書いても大丈夫だよ！」

旧市街を望むホテルのロビーで、毅然《きぜん》としたたたずまいの英国紳士が、ユーモアたっぷりに記者を迎えてくれた。スコットランドに七十年以上住む、アンガス・マクファーソンさんだ。

「スコットランドはイングランドに搾取《さくしゅ》されてきたわけでは決してない。英国政府から受けてきた恩恵に目を向けるべきで、問題を単純化してはいけない」

オックスフォード大学を卒業後、政府職員としてスコットランドの事情を中央政府に伝える仕事に従事。ヒース政権、ウィルソン政権で内閣府の経済官僚として活躍した彼の言葉は説得力があった。

「中央政府に全て決められることに疲れたのだと思う。それでもスコットランド議会ができて、かなり改善されたんだよ。（英

アンガス・マクファーソンさん

国から独立して）本当に経済的に自立できるのか、具体的な政策がない以上、焦りは禁物です」

スコットランドは人口五百三十万（英国全体は六千四百万）、GDP（国内総生産）は全英国の一割以下。ゆえにSNPも、EUという国家連合の中での独立を標榜《ひょうぼう》してきた。加えて、スコットランドの対外輸出は英国内が六割を占め、対EUは二割未満。七月、右派シンクタンクがこうした状況を指摘し〝独立によってスコットランドは財政破綻《はたん》したギリシャのようになるのか〟との報告書を公表すると、主要英紙が取り上げた。財政赤字のGDP比は英国全体の二倍以上で前年度（二〇一四—一五年）よりも上昇。国民一人あたりへの支出はスコットランドのほうが高く、英国とEUからの補助金なしでは厳しいのが現実だ。

八月五日、まだ閉会中だったが、スコットランド議会を訪れた。「ここで独立賛成派がデモを行ったんだ」と、タクシー運転手のマイケル・ベルさんが議事堂横の広場を指さしながら教えてくれた。二年前の住民投票では、独立賛成に一票を投じたという。理由を尋ねると、「何よりもスコットランド人だからさ。自分の血に刻み込まれているからね。信仰のようなものだよ」と率直に答えてくれた。

議会の入り口で保安検査を終え、最初のドアを通過すると、正面玄関に飾られたエリザベス女王の肖像画が目に飛び込んできた。果たして三百年以上にわたる連合王国は、財政破綻の可能性をはらむスコットランド独立へと突き進むのか。ブレグジットの衝撃を受けたスコットランド議会では、独立と欧州単一市場へのアクセスを焦点に論戦が続く。

スコットランド議会では外交など英政府に留保された事項以外で独自の法令を制定
©Seikyo Shimbun

# 第五回

# オランダに連鎖は起こるか？

## 台頭する極右政党
## 国民投票へ世論喚起

ブレグジットは、統合の理念に反対する欧州懐疑派にとって歴史を画する瞬間だった。結果が判明した二〇一六年六月二十四日、欧州各国の極右政党が自国でも同様の国民投票を実施すべきと主張。離脱の連鎖が危惧《きぐ》されている。オランダのＥＵ離脱「ネグジット」もその一つだ。

二〇一七年三月に総選挙を控えるオランダへの影響を取材するため、首都アムステルダムを訪れた。

## 移民の規制を求める声

アムステルダム国立美術館の至宝「夜警」――〝光と影の魔術師〟と呼ばれる十七世紀の巨匠・レンブラントの代表作に思わず息をのんだ。オランダの黄金時代を代表する傑作だ。市民自警団の出動シーンを描いたこの作品は、オランダの市民自治の伝統を象徴している。

なかでもアムステルダムは、国際商業・金融の中心地として栄え、宗教的に寛容《かんよう》で思想の自由があったため多くの人がここに亡命した歴史がある。

第二次世界大戦中のナチスドイツ支配下にあっても、迫害されていたユダヤ人をかくまった市民が大勢いた。世界的ベストセラー『アンネの日記』

アムステルダム国立美術館所蔵のレンブラント作「夜警」（写真提供：Universal Images Group／アフロ）

の著者アンネ・フランク一家が隠れていたのもアムステルダム。少なからぬ市民が身の危険を顧《かえり》みず、自由と寛容のために行動した。

ブレグジットについて街の人々はどう感じているのだろうか。アルバート・カイプの市場で聞いた声は、想定していたより〝厳しい〟ものが多かった。

土産物店で働くヘンク・スクラインガーさんは「次は〝ネグジット〟（オランダの離脱）だ」と断言する。「EU本部（ブリュッセル）の官僚から規制を課されるのはこりごり。どれだけ働いても豊かになれない。自由党のヘルト・ウィルダース*党首は、物怖じせずに問題を指摘するから、いいね」

一方、絨毯《じゅうたん》を販売するケラート・ダリーマンさんは「ウィルダースは過激すぎる」と強調した上で、こう語っていた。「困っている難民や働く気概のある人はいいが、福祉の〝ただ

*ヘルト・ウィルダース　一九六三〜。オランダの政治家で、自由党党首。欧州懐疑主義者で、極右政治家と評する声も多い。反イスラム主義者としても知られる。

乗り〟目的の移民は御免《ごめん》だ。オランダも国境規制を始めるべき。EUは拡大しすぎた。もう我々の税金を東欧につぎ込まないでほしい」

## 蝕《むしば》まれるEUへの信頼

他方で、市場を案内してくれたオランダ人の大学生は「僕の周りは全員、EU離脱に反対なのですが……」といぶかしがった。実際、年齢や教育、所得の違いによって捉《とら》え方はさまざまだが、「ネグジット」賛同の声は確かに大きい。ブレグジット決定後の世論調査では、四七パーセントの人々が国民投票を実施すべきと答えた。

英国民投票の結果が判明した六月二十四日、イスラム移民排斥《はいせき》を掲げる自由党のウィルダース党首は「我々は、自身の国、資金、境界、そして移民政策を管理したい」との声明を発表。二〇一七年三月の総選挙で勝利した暁《あかつき》には、国民投票を実現させると宣言した。

歴史的に「寛容なオランダ」ではあるが、近年は、移民を無条件で受け入れていない。経済の低迷を受けて、「働かない移民が社会保障に〝ただ乗り〟している」との批判が高まり、二〇〇〇年代からは言語能力やオランダ社会への理解を確かめる試験を導入した。その頃、全人口に対する外国系市民の割合が二割に迫っていた（水島治郎著『反転する福祉国家』、岩波書店）。

〇六年に設立された自由党は現在、下院百五十議席中十二議席。欧州議会ではオランダに割り当てられた二十六議席中四議席、議席数で第二党だ。最近の世論調査では次の総選挙で第一党との予測もある。

その言動に注目が集まる自由党のウィルダース党首
（ロイター／アフロ）

自由党が勝てばネグジットは現実味を帯《お》びるのか。オランダ外務省のアドバイザーも務めた、欧州改革センターのレム・コールタウェグ主任研究員は指摘する。

「オランダでは一つの政党が過半数の議席を獲得するのが難しく、連立政権となります。仮に自由党が大勝しても、他党の協力が必要です。ウィルダース党首が単独で組閣できない限り、EU加盟の賛否を問う国民投票の実施は困難でしょう。むしろ懸念すべきは、ブレグジットに刺激された国民投票への運動が、市民のEUへの信頼を蝕《むしば》んでいくことです」

## 懐疑派の勢いに翳《かげ》りも

アムステルダムの中心部にある「アンネ・フランクの家」を訪れた。一家はナチスの秘密警察ゲシュタポに連行され、強制収容所に送られるまでの二年間、この〝隠れ家〟で暮らした。今は、アンネ・フランク財団が博物館として保存・運営。世界中から見学者が訪れる。

到着したのは午後七時半だったが長蛇の列で入館まで一時間以上かかった。同財団のロナルド・レオポルド常任理事（次ページに発言を掲載）によると来館者は年間百二十万人。毎日四千人が訪れるという。

回転式書棚で隠されていた扉をくぐると、一家が実際に暮らしていた部屋に通じる。子どもたちの身長を壁に記録した跡が、この家族が耐えた歳月を物語っていた。アンネの部屋には彼女が集めた映画スターらのブロマイド写真が壁に貼られ、潜伏《せんぷく》の様子が再現されていた。アンネはいつか作家になる日を夢見て、ここで日記を書き続けた。

博物館「アンネ・フランクの家」
©Seikyo Shimbun

## アンネ・フランク財団
## レオポルド常任理事に聞く

アンネ・フランク財団の最大の目的は「教育」にあります。差別や偏見と戦い、多様性あふれるコミュニティーを創造できる人材を育てることです。

私たちは今、〝無力感〟に満ちた時代を生きています。急速なグローバル化であまりに複雑になった社会に、大勢の人が取り残され、「決定権を失った」と感じているのです。だからこそ、アンネ・フランクのメッセージがより重要になってきていると考えます。

財団は政治的な立場は取りませんが、第２次世界大戦で何が起きたのかは伝えることができます。〝無力感〟の帰結は、怒濤のようなナチスによる差別、分断、暴力、そしてユダヤ人の迫害でした。

グローバル化は止められません。後戻りするのではなく、互いに尊敬し合える社会を築いていくべきです。アンネ・フランクが〝誰人も社会に貢献することをためらう必要はない〟と述べたように、一人一人に差別や偏見のない社会を築いていく役割があると信じています。

創価学会はアンネ・フランクの展示を精力的に開催してきたと聞いています。こうした取り組みが、人間生命の尊さ、共通の価値を確認する機会になることを期待します。

【写真】©Anne Frank House ／撮影：Cris Toala Olivares

アンネが最期を迎えた強制収容所の映像を見ながら、ＥＵ研究の遠藤乾《けん》北海道大学大学院教授の言葉を思い起こした。

「（右派ポピュリズムが席捲《せっけん》して）ＥＵが破綻し、米国や他の民主主義国でも右傾化が進めば、第一次大戦と第二次大戦の戦間期《せんかんき》の様相に近づくのではないでしょうか。すなわち、平和への夢が破れてしまうような様相です」と（本書第三章第三回）。

ブレグジットでいったんは勢いづいた欧州懐疑派だが、混乱する英国の現状を目の当たりにし、直近では勢いを失っている。

例えば、大統領選挙を控えたオーストリアでは、極右の候補者が「ＥＵ離脱」を事実上、撤回した（※十二月に実施され、結果は僅差《きんさ》でリベラル候補が競《せ》り勝った）。また各国の極右政党も、あからさまに人種差別や暴力を標榜しているわけではない。

オランダ議会選挙、フランス大統領選挙、ドイツ議会選挙……と、二〇一七年にかけて重要な政治日程がめじろ押しである。選挙の帰趨《きすう》はいまだ流動的だが、過去の欧州大戦の教訓に学んだ「分断から統合」という、平和の理念が否定されるのではと危惧を抱いた。

# 第六回　シルバー民主主義

## 世代間の亀裂が露呈
## 残留求め大規模デモ

「リグレジット」――後悔を意味する「リグレット」と、出口を意味する「エグジット」をつなげた新たな造語である。選挙期間中の離脱派の〝ウソ〟や、国民投票の〝まさか〟の結果に、自身の選択が安易だったと後悔する人々の悲痛の表現だ。離脱という結果は英国民に衝撃を与えたが、とりわけ失望しているのは、未来を担う若者たちである。

第六回のテーマは、中高年の世代の意思が幅を利かす一方で、青年世代の声が尊重されにくい「シルバー民主主義」について。英国内の動向と重ね併せてまとめた。

## 若者たちの不満が噴出

「欧州のどこでも、学び、働き、生活し、定年退職できる私たちの権利を守れ」――二〇一六年九月三日、ロンドン。国会議事堂の周辺がEU旗の青一色に染まる。ブレグジット反対のプラカードを掲げた人々の叫びが、首都の心臓部にこだました。「EUの中の英国」が常態だった若者世代にとって、EU域内での自由な移動、雇用、教育の機会を失う喪失感は大きい。中高年が若者たちの未来を奪ったとの不満が噴出している。

主催団体「欧州のための行進」によると、前回の大規模デモ（同年七月二日）の参加者は五万人。今回の人数は明かされていないが、何千人もの市民が行進したと英国の主な新聞が報じている。EU離脱派と〝衝突〟する一幕もあった。

デモは各地で行われたが、とりわけロンドンの規模は大きい。

ブレグジットを決めた国民投票では、ロンドンのほとんどの地区で残留派が勝利。「欧州のための行進」は、「ロンドンの声」「若者の声」の象徴ともなっている。

離脱派多数の地区が注目されがちだが、残留派が圧倒した地域にも特徴がある。ロンドンのランベス区（残留支持七八・六パーセント）、ハックニー区（同七八・五パーセント）は、ともに若者、移民が多い地域で、年金生活者が少ない地区だ。

ハックニー区の南端、オールドストリート駅周辺で若者の声を取材した。〝ロンドンで一番クール（おしゃれ）なエリア〟と呼ばれる場所の一角。街を歩くと、いたるところから流行の音楽が聞こえてくる。

「EUの中にいるほうが、英国はもっと強くなれる」（二十代女性）

「他の欧州諸国と団結したほうがいいに決まっている」（三十

2016年9月3日、ロンドンの中心部でEU残留派がデモ行進。離脱交渉の開始となるEU条約50条の発動を遅らせることを主張した（AFP＝時事）

代男性）

ＥＵ残留を支持する声がやはり多い。話を聞いた中には、「移民問題があるから『心は離脱』、経済的に困るから『財布は残留』」といった考えの三十代男性もいて、残留に投票したという。

だが印象に残ったのは、「国民投票の当日は大雨だったので……」等の理由で棄権した若者が少なからずいたことだった。壁に絵を描いていた男性の二人組は、こう語っていた。

「政治には興味がないんだ。だって全部、メディアにコントロール（管理）されてるんだろう。何も信じられないよ」

## 中高年層の利益を優先

若者の低投票率は先進国共通の課題。少子化の進む社会にあって、高齢者の利益が優先される政策決定の偏《かたよ》りが深刻な問題となっている。とりわけ日本は、世界で最も速いスピードで高齢者人口が増えており、「増税にも社会保障の抑制にも反対」という、高齢世代の利益を反映した「近視眼的な政治」に陥《おちい》っているとの批判が（八代尚宏著『シルバー民主主義』、中公新書）。

英国は日本ほど少子高齢化が進んではいないが、平均年齢は上昇している（二〇一五年で四十歳）。

ブレグジットを決めた今回の国民投票における世代別の投票行動を見ると、年齢が高くなるほど「EU離脱」を支持したことが一目瞭然である（下図参照）。十八歳から四十四歳までは半数以上が残留を支持。だが、四十五歳以上の人口のほうが約五百万多く、また投票率も高かったため、全体でEU離脱支持が過半数となった。

世代別の投票行動

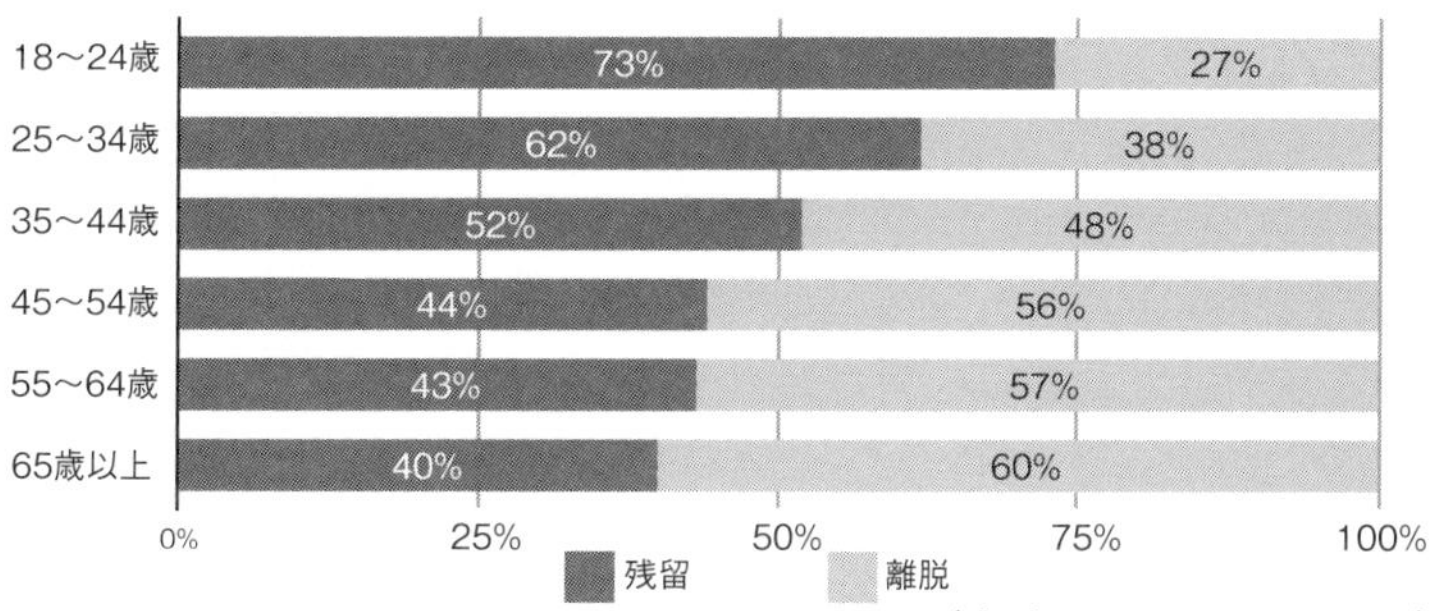


（出所：Lord Ashcroft Polls）

そのため、「リグレジット」に込められた若者たちの失望は、「投票に行かない者が悪い」としばしば批判される。事実、十八歳から二十四歳の投票率が三六パーセントと低かったとの分析が広く受け入れられた。

だが、ロンドン・スクール・オブ・エコノミクスのマイケル・ブルター教授らが、新たなデータ分析をもとに報告書を発表すると各紙が注目した。

「（選挙登録した）十八歳から二十四歳の実際の投票率は六四パーセントで、全世代平均との差は八パーセント。若者が実際に投票したかを知るのは政治的に重要だ。理由の一つは、彼らの多くが国民投票の結果に不服で、自分たちの意見を聞いてほしいと願っており、それに対して『それほど気にするのなら、面倒くさがらず投票すればよかったのに』との主張が存在するからだ」

## 軽視できない青年の声

ロンドン以外で残留派が多数だったのは大学都市のケンブリッジ（七三・八パーセント）とオックスフォード（七〇・三パーセント）だ。

学生たちの意見を聞くためオックスフォード大学がある街を訪れた（二〇一六年八月一日）。夏休みでキャンパス内は人通りが少なかったが、市街地は観光客でにぎわっていた。レストランに入り、アルバイト学生として働いていたナターシャ・ブラックさんに声を掛けると、快く取材に応じてくれた。二十一歳になったばかりの彼女は、今秋からロースクール（法科大学院）に進むという。

「EU加盟前の英国を知る世代は、若者が当時のことを含め、何も知らないと思っているかもしれませんが、私たちは私たちなりに一生懸命に考えています。欧州単一市場へのアクセスを失うと物価が必ず上昇します。ただでさえ学生ローンが高額なのに……」

「彼にも聞いてみて」と、同級生のカロム・マッキノン・スネルさんを紹介してくれた。彼女とは意見が全く違う。

「単一市場ばかりに頼っていては、英国はだめになってしまう。英国らしさを守らないと。周りの友人はほとんど残留支持だけど、僕の意見は違います。英国のことは英国が決めるべきです」

現在の若者世代が年齢を重ねた時、ＥＵ再加盟のため国民投票を望むだろうか。ブラックさんは首を横に振った。

「再加盟は条件が悪すぎます。今、離脱しないのが最善です。いずれにせよ、離脱派も残留派も選挙戦で事実を誇張して伝えました。（政府には）拙速《せっそく》に離脱交渉を開始してほしくないです」

訪れた日のオックスフォードは、あいにくの雨だった。英国を担う人材を輩出《はいしゅつ》してきたこの街も、国民投票の後は「リグレジット」の涙に濡れたのだろうか。

「世代間の格差」は、ブレグジットが示した英国社会の亀裂の一つにすぎない。また、全ての若者が残留に投票したわけでもない。だが、「シルバー民主主義」の負の側面を考慮するならば、十八歳から四十四歳の過半数がEU残留を望んだ事実は、決して軽視されるべきではない。

英紙「ガーディアン」は最初の大規模デモの翌日、「ブレグジット後、私たちは若者と高齢者の絆《きずな》を強くしなければならない」との論説を掲載し、こう結んだ。

「若者が望むようにEU加盟を維持するのは難しいだろう。だが、英国が高齢者のためだけの国ではないと説得することはできるはずである」

# 第七回

# ハドリアヌス長城に立つ

## 古代ローマ遺跡に刻まれた大陸との関係性、その今昔

イングランドとスコットランドの境界線の近くに、古代ローマ帝国時代の遺跡がある。五賢帝《けんてい》の一人であるハドリアヌス帝（在位・西暦一一七〜一三八年）が築かせた世界遺産「ハドリアヌスの長城」である。

ブレグジットによって焦点が当たる連合王国の境界線の淵源《えんげん》を探るため、古代の遺跡を訪ねた。

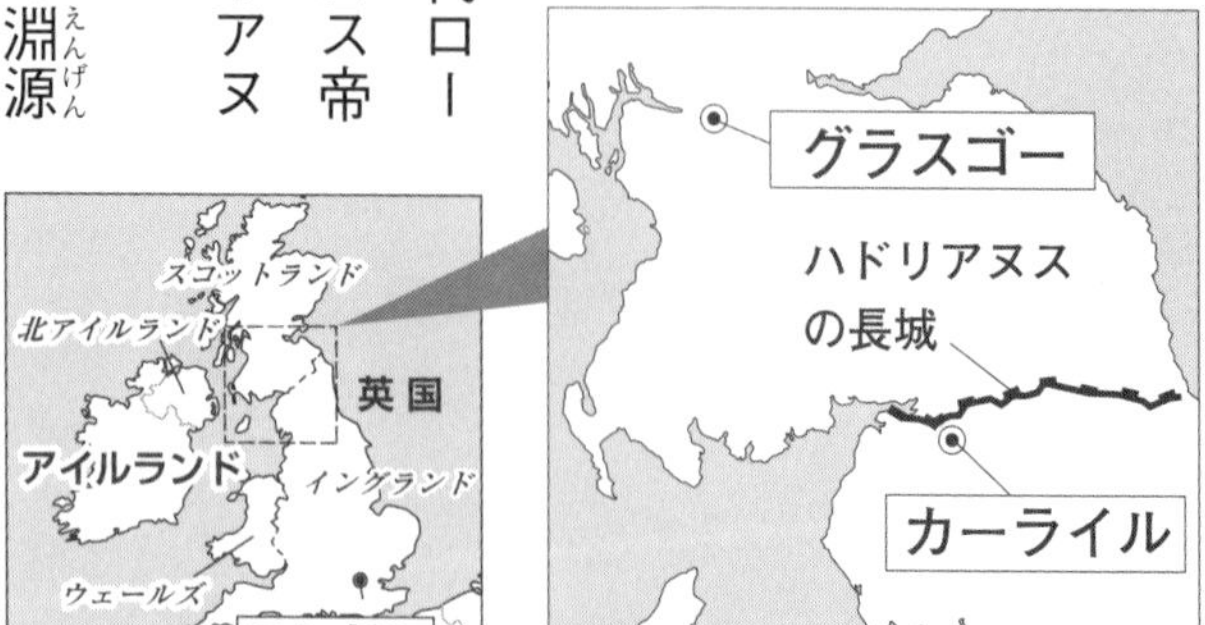

## 北部の先住民への防壁

スコットランド最大の都市グラスゴーから電車で南に一時間余。イングランド側の境界線近くの都市カーライルへ。さらにタクシーで「ハドリアヌスの長城」に向かう。

しばらく走ると、驚くほど道が真っすぐなことに気付く。案内してくれたデイブ・コットリルさんが誇らしげに言う。「ローマ軍が造ったらしい。地元では『古いローマの道』と呼ばれてるんだ」

かつてイングランドは、ローマ帝国の属州（ブリタニア）だった。長城より北側、すなわち現在のスコットランドは、ローマ人にとって蛮族《ばんぞく》が住む地域。ひとたび反乱が起きれば、ローマ軍団の兵士たちはこの一直線の街道を通り、蛮族の侵入を防ぐ長城へと急行した。

全長百十七キロに及ぶ長城は、グレートブリテン島（英本島）を真っ二つに分断。ローマ帝国の属州でなくなった後も、現在のイングランドとスコットランドの境界線に影響を与えた。

コットリルさんが車を減速させ、指さしながら「あれが境界線だよ」と教えてくれた。境界線近くのスコットランド側の街に住む彼は、ため息をもらしながら、こう語った。

「もし英国から独立したら、境界線を行き来している私たちの生活は成り立たない。国境規制でも始めるのかい？　とんでもない。スコットランド北部の人間は、まだいいかもしれないが、境界線に近い南部からすれば大問題だよ」

## 千九百年前の境界線

「ハドリアヌスの長城」は、中国の「万里の長城」のように、

「ハドリアヌスの長城」の一部である「ハウスステッド・ローマン・フォート（要塞）」の城壁。この壁の右側がスコットランド方向。左側には要塞の施設の跡が残る。水洗トイレや浴場など、洗練されたローマ帝国の文明が最前線の基地にも息づいていた

©Seikyo Shimbun

当時の形をはっきり残していない。保存状態が一番良いとされる「ハウスステッド・ローマン・フォート（要塞）」を訪れたが、建物の遺跡は残っておらず、壁の一部と要塞の土台部分だけだった。それでも、司令官の住居や、兵士たちの浴場の跡があり、往時の面影《おもかげ》を偲《しの》ぶことができた。

第十四代ローマ皇帝ハドリアヌスは、二十一年間の在位のうち、実に三分の二を属州を訪れることに費やし、帝国の防衛線を固めたことで有名。彼はブリタニアを巡幸《じゅんこう》した際、長城の建設を命じた。記録によれば、西暦一二二年に工事が開始され、少なくとも完成までに六年余の歳月を要した。大陸の蛮族がスコットランドを経由して、帝国内に侵入するのを防ぐためにも、長城は重要な防衛線となった。

要塞の跡に立ち、北側スコットランド方向を望む。どんより

第14代ローマ皇帝ハドリアヌスの彫像
（Bridgeman Images／時事通信フォト）

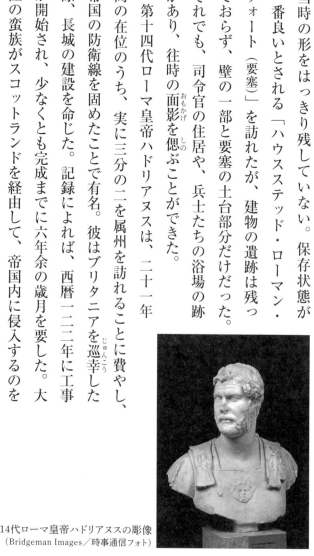

とした曇り空の下、草原と森がどこまでも広がっていた。風が強く吹き付ける。ローマ兵にとって冬は相当厳しかったに違いない。要塞跡は見晴らしが良い。ここから敵がどこに潜んでいるか一望できたはずだ。

しかし近年、築城の目的を新しく解釈する研究も注目されている（79ページにケンブリッジ大学のメアリー・ビアード教授のインタビューを掲載）。

南側に目を転じて、イングランド方向を眺《なが》める。こちらは晴れ間から陽光が差し、緩やかな緑の丘陵《きゅうりょう》が色鮮やかに続いていた。約千九百年もの昔、英本島はここで、「ローマ」と「非ローマ」に二分された。しかしながら、現在、その区別は逆の様相を呈している。

「ローマ」だったイングランドの大半の地域は、ブレグジットを支持して大陸欧州からの離脱を望み、「非ローマ」だったスコットランドは、全ての地域でＥＵ残留派が勝利し、大陸欧州との団結を望んでいるからだ。

むろんＥＵとローマ帝国を同一視することは荒唐《こうとう》無稽《むけい》である。だがブレグジットを巡る議論の中で、ローマ帝国が話題になってきたのも事実だ。例えば、英誌「スペクテイター」は、国民投票の直前、「なぜローマ帝国は機能したが、ＥＵは機能しないのか」との記事を掲載し、統合の拡大を急ぐＥＵの政策を批判した。

## 帝国の継承者との誇り

ローマ史の古典として第一に挙げられる、英国の歴史家エドワード・ギボンの『ローマ帝国衰亡史』。十八世紀の大ベストセラーで、中流階級以上の家庭の卓上には必ず置かれていたと

## ケンブリッジ大学
## ビアード教授に聞く

**――「ハドリアヌスの長城」は防衛に不向きだったのですか？**

ビアード教授　ええ。実際は、大部分が石ではなく、芝でできていましたから。ローマ人の本当の目的を知るのは困難です。ただ、外敵を締め出すためだけのものではなかったことは確かです。ローマ帝国は他民族と融合した社会でした。「ここを越えれば帝国に入る」という一種の象徴のようなものだったとも考えられます。

**――ベストセラーの近著『SPQR（元老院《げんろういん》とローマの市民）』（Profile Books）では、ローマ史から「自らの過去だけでなく、現在についても多くを学ぶことができる」と記しています。**

ビアード　誰人も、ローマ史を知らずして、現在の欧州がどう形づくられたかは理解できません。ローマ帝国時代、「結合」と「包含」の理念のもと、欧州が統一されていたのは厳然たる事実です。現在でいう「不法移民」の概念など、ローマ人には理解できないものでしょう。

**――6月の国民投票では、残留を支持されましたね。**

ビアード　グローバル化の今、〝小国〟に自ら戻るなど、古代ローマ人が見れば笑ってしまうような話です。ローマ人には暴力的で排外主義的な側面もありましたが、「市民権」は共有すべきものとして理解されていました。属州人でありながらローマ人でもあり得たのです。

　ローマ史から直接的に教訓を引き出すのは愚かな試みかもしれませんが、思考の一助にはなります。私たちに「偏見」を正す機会を与えるからです。

いう。同書が提起した「なぜローマは滅んだのか」との主題は、英国人の世界観に多大な影響を与えてきた。

ギボンの名著が紙価を高めたように、英国はローマ史の研究が盛んだ。歴史作家で『ローマ人の物語』（新潮社）全十五巻の著者・塩野七生《しおのななみ》氏は、持論として、「ローマ時代の遺跡の管理はイタリア内にあるものでもイギリス人にまかせるべきだ」と。その理由として「古代のローマ人を継承したのは自分たち大英帝国の民だ、という気概の名残《なご》り」があるからという。

遺跡に併設されたローマ軍博物館を訪れると、当時の駐屯《ちゅうとん》の様子が最新の技術を駆使して見事に再現されていた。

西暦四一〇年にローマ帝国はブリタニアから引き揚げ、「ハドリアヌスの長城」はその役目を終えた。その後、他の建造物のために石が削られ、荒廃《こうはい》していく。

ギボンは「ローマ帝国の基盤が堅固であったのは、その構成員の連帯が特異なまでに強固であったことに帰《き》せられる」（中倉玄喜編訳、ＰＨＰ研究所）と分析している。

古代ローマ市民が、現在のＥＵ、そしてブレグジットを巡る混乱を見たら、一体どう感じるのだろうか――平和と繁栄を謳《おう》歌《か》した古代ローマ帝国の防衛線に立ち、ふと、そうした思いに駆られた。

長城に併設されているローマ軍博物館ではローマ兵たちの駐屯の様子を再現
©Seikyo Shimbun

# 第八回

# チャーチルの光と影

## 残留派と懐疑派の双方に〝予言者〟として崇拝される

「欧州統合の父」といえば、汎《はん》ヨーロッパ主義を提唱したリヒャルト・クーデンホーフ＝カレルギー伯爵、そして、フランスの実業家ジャン・モネの名前が挙がる。だが、彼ら以上に世界史に影響を及ぼした、もう一人の「父」がいる。第二次世界大戦を連合国の勝利に導いた英首相ウィンストン・チャーチルである。現在の英国、ひいては欧州を形づくった名宰相《めいさいしょう》の思想と行動は、ブレグジットを巡る賛成、反対の両陣営に深い影響を与えている。世界を震撼《しんかん》させたブレグジットの淵源について考察する。

## 渦中の男ジョンソン氏

二〇一三年一月。デイビッド・キャメロン前首相は、ＥＵ離脱の賛否を問う国民投票の実施を、総選挙の公約として掲げた。「ＥＵに留まるのか、離脱するのか、国民の皆さんで決めてほしい」

それからの歳月は、英国にとってまさに激動の日々となるが、当初は残留派が勝利するとみられていた。

二〇一五年夏、記者が取材で英国を訪れた時も、残留の見込みが濃厚だったが、オックスフォード大学のジェームズ・ティリー教授は「ただし」と、一つ留保の条件を付けた。

「ボリス・ジョンソン氏が離脱を支持すれば、状況が変わります。彼の人気と実力が加われば、たとえ残留派が一〇パーセントリードしていても、逆転されるかも」

ジョンソン氏は、二〇一二年のロンドン五輪の際に市長を務め、現在は外相の要職にある政治家。ニューヨーク生まれで、帰国後、名門イートン校からオックスフォード大学に進学し、新聞記者を経て、下院議員に当選。破天荒《はてんこう》な言動で人気を集め、「ボリス」の愛称で親しまれる。

「ボリスは離脱派か、それとも残留派か？」――国民投票の直前まで旗幟《きし》を鮮明にしなかったジョンソン氏の選択は「離脱」。EUに残留することは「英国が民主的な決定権を失う危機」と、盟友・キャメロン前首相に反旗を翻《ひるがえ》した。

「次期首相の座を狙い、保守党内での立場を強めたかった」

「個人の野望のため英国民の生活を犠牲にした」

激しい批判を浴びたジョンソン氏だが、果たして権力闘争のためだけに離脱派に回ったのか。その謎を解く鍵となる氏の著書が、一四年秋に出版されている。

国民投票の前日、EU離脱派をリードしたボリス・ジョンソン氏が支持者に最後の訴え
(6月22日、ロンドン／EPA＝時事)

『チャーチル・ファクター』（日本語版は石塚雅彦・小林恭子訳、プレジデント社）。タイトルが示す通り、ウィンストン・チャーチル*首相についての伝記である。ジョンソン氏は同書で、一章を割《さ》いてチャーチルの「ヨーロッパ合衆国構想」について詳述している（以下、引用は同書から）。

## ヨーロッパ合衆国構想

日本ではあまり知られていないが、チャーチルは一九三〇年の米国旅行の後から、欧州が米国のような連邦国家となる「合衆国構想」を提唱している。第二次世界大戦後は、廃虚と化した欧州が悲劇を繰り返さないためにも、独仏の和解が不可欠とし、「合衆国構想」を実現すべきと、各国を回り精力的に遊説《ゆうぜい》した。

*ウィンストン・チャーチル　一八七四〜一九六五。第二次世界大戦中の一九四〇年に英国首相に就任し、戦争を勝利に導いた。五一〜五五年、再び首相を務め、五三年にはノーベル文学賞を受賞した。

彼の行動をたたえ、ＥＵ本部のあるベルギーの首都ブリュッセルには、チャーチルにちなんだ名前の環状交差点や大通りがあり、仏・ストラスブールの欧州議会には肖像画が掲げられている。チャーチルが「ＥＵの父」として認められている証左だ。

五〇年、現在のＥＵの起点となる「シューマン・プラン*」への参加の打診を英国の労働党政権は断った。野党・保守党党首だったチャーチルは強く反発。英国抜きに物事を進められるよりも話し合いに加わったほうがよいと主張し、「世界の流れは国家間の相互依存」「国家主権は不可侵ではない」と議場で訴えた。

だが一方で、チャーチルは「私たちはヨーロッパとともにありますが、その一部ではありません」「イギリスがヨーロッパに限定された連邦連合のたんなる一メンバーであるということは想像できません」とも語っている。ジョンソン氏は彼の言葉

＊シューマン・プラン
ジャン・モネが構想し、仏外相のロベール・シューマンが一九五〇年に提案した、欧州石炭鉄鋼共同体を創設する計画。仏独の協調体制の始点となり、同共同体はＥＵへと発展した。

を引用し、こう結論づける。

「たしかに彼（チャーチル）は統一ヨーロッパを望んだ。イギリスには、これほどの悲惨を味わった大陸に幸福な連合をもたらすことを助ける重要な役割があると信じていた。しかしその役割とは、連合の契約当事者というより、スポンサー、つまり立会人になることだった」

　欧州統合を巡るチャーチルの言葉は、親EU派からもEU懐疑派からも、都合よく持ち出されてきた。チャーチルの「統合観」の解釈こそが、長年、英国でEUを巡る論争の核心となってきたのである。

　国民投票において、離脱派リーダーのジョンソン氏に対しては「チャーチルを悪用している」と批判があった。

　おそらくジョンソン氏は、チャーチルの伝記を執筆し終えた時点では、離脱を支持すると決めていたわけではないのだろう。

同書がつまびらかにするのは、ブレグジットという未曽有《みぞう》の出来事の底流に、タイトルである「チャーチル・ファクター（要素）」が脈々と流れていた事実だ。

## 一人が歴史を変え得る

六十六年前の「シューマン・プラン」を巡る英下院の議論は、現在における親ＥＵ派とＥＵ懐疑派の論争に酷似《こくじ》していた。さらに、八〇年代、ジャック・ドロール欧州委員会委員長とマーガレット・サッチャー英首相の統合を巡る世界観の衝突によって、両派の対立は先鋭化した。

サッチャーによって埋め込まれた保守党内の亀裂は深まり、今回の国民投票の淵源となる。キャメロン前首相は残留派を主導して敗北。首相の座を去り、さらに二〇一六年九月、下院議員の職も辞した。

ロンドンを拠点に西側同盟の研究を行っている加瀬みき氏（アメリカン・エンタープライズ政策研究所・客員研究員）は分析する。

「一番の責任はキャメロン氏にありますが、ジョンソン氏の罪も大きい。彼の影響で、数パーセントが離脱に流れたといわれています。しかもジョンソン氏は、離脱派が勝つとは思っていなかったのですから……」

「複雑な問題に、単純な二者択一を求める国民投票を充てること自体、正しい政治判断ではありません。口八丁な人が優勢な情報化社会にあって、デマゴーグ（煽動者《せんどうしゃ》）が力を得てしまうからです。かつてチャーチルは〝民主主義は最悪の政治といえる。これまで試みられてきた他の全ての政治体制を除いてだが〟と述べましたが、ブレグジットは、西側が作り上げてきた仕組み、民主主義の在り方を根本的に問い直しています」

第２次世界大戦でナチスドイツと断固として戦い、連合国を勝利に導いたウィンストン・チャーチル英首相（1874～1965年）。「ヨーロッパ合衆国構想」を提唱し、「EUの父」としても尊敬される（AFP＝時事）

本連載のため英国に滞在した二〇一六年夏、「全ての人のための国家」を標榜するテリーザ・メイ新首相への好感の声をたびたび耳にした。ジョンソン氏を外相に抜擢《ばってき》した人事については、「離脱を訴えた本人にブレグジットの交渉に当たらせるのは正しい選択」と評価されていた。

今、欧州統合はブレグジットの衝撃で揺れている。果たしてそれは、チャーチルが望んだ英国の選択なのだろうか。彼なら、ブレグジットという「海図なき航海」の針路をどう指し示すだろうか。

ジョンソン氏は著書で強調する。チャーチル的要素とは「一人の人間の存在が歴史を大きく変え得る」ことだ、と。英国は、困難に直面するたびに、不屈の魂《たましい》を持った人物を輩出し、時代を回天させた。世界の民主主義をリードしてきた英国の行方に、ますます目が離せない。

# 第九回　どうなる労働党

## 分裂寸前の最大野党
## 二大政党制の危機到来か

「次の総選挙で勝利し政権を奪取するためには、わが党への信頼と支持を回復しなければならない」——二〇一六年九月二十八日、最大野党・労働党の党首に再選されたばかりのジェレミー・コービン氏は、党大会の最終演説でこう力説した。ブレグジットを決めた国民投票後、英国政治の最大の焦点の一つとなってきた同党の党内対立。取材した識者は異口同音に、労働党の分裂の可能性を危惧していた。

本章の最後に、新聞連載時には掲載できなかった、労働党を巡る議論について紹介する。

## 党首と下院議員の確執

国民投票から約一カ月後のロンドン。この日も、国際金融の中心「シティ」は、大勢の観光客でにぎわい、スーツをパリッと着こなすビジネスマンたちがせわしなく歩いていた。世界四大会計事務所の一つ、デロイトのロンドン支店のビルにあるイタリアンカフェの前で、記者はある人物を待つ。

「お待たせしました。どうぞ中にお入りください」

日本からの訪問者への心遣いだろうか。光沢感《こうたくかん》のあるネイビースーツに映《は》えるピンクのネクタイには、桜の模様が入っていた。活力あふれる彼の名は、ケビン・ボナビア氏。三十八歳。労働党の地方議員（ロンドン南東部のブラックヒース選出）を務める青年弁護士だ。

十九歳で労働党に加わり、社会主義団体「フェビアン協会」

の青年組織の責任者を務めるなど積極的に活動。二〇〇六年からの五年間、労働党「弁護士協会」の青年グループ議長だった。テーブルにつき注文を終えた後、ブレグジットを巡って労働党に何が起こっているのかを聞いた。ボナビア氏は、冷静に、時に強い口調で、個人的な見解を語り始めた。

「コービン氏は、ブレグジットが判明した六月二十四日の朝、デイビッド・キャメロン前首相と同じように、党首を辞任すべきでした」

ボナビア氏は、労働党のコービン党首がいかに左傾化しているかを力説。ハード（強硬）な左派は、EUを「社会主義の発展を阻止する資本主義の組織」と見ており、国民投票において、コービン氏がEU支持を明確にしなかったため、EU残留派が負けたのだと説明した。

労働党はこれまで、EU擁護の立場を取り、国民投票

ケビン・ボナビア氏

においても残留支持の運動を展開。だが今回、コービン党首が積極的に動かなかったため、離脱派に押し切られたと批判されている。ボナビア氏は語る。

「確かに、労働党支持層の六四パーセントが残留に投票しました。しかし問題は、通常の選挙のように、労働党支持者が周囲の人たちにも『残留』に一票を投じるよう働き掛ける流れをつくれなかったことです」

強硬左派のコービン氏はそもそも中道左派となった自党、特に長期政権を誇ったブレア政権の方針に反対してきた〝異端児〟で、二〇一五年の党首選では、労働党幹部、下院議員団から猛反発を受けたが、若者を中心とした草の根の党員の支持で党首になった。国民投票で指導力を発揮しなかったことが最後の引き金となり、コービン氏への抗議として労働党の「影の内閣」の下院議員が次々と辞任。同党の下院議員団は党首の不信任投票を行い、結果は賛成百七十二、反対四十。コービン氏は辞任を拒否し、九月二十四日に党首選が行われることになった。

時計の針が午後二時を回ろうとしていた時、ボナビアさんは「そろそろ裁判所の判決が出ます」と、カフェに設置されていたテレビに視線を移した。

党首選に立候補するには五十人以上の議員の推薦が必要。コービン氏は現職のため推薦人は「必要ない」とされていたが、「必要」と裁判所に訴えられていたのだ。

「……訴えは棄却されました。これでコービン氏は党首選に立候補できます。党員、サポーターからの支持が厚いコービン氏がおそらく勝つでしょう」

ボナビア氏は現状を冷静に受け止めていた。そして、自身が労働党に加わった頃、つまり、同党のブレア政権（一九九七〜

二〇〇七年）初期を振り返りながら、自らの信念をこう表現した。

「私はリベラルな社会民主主義の理念に共鳴して、労働党に入りました。しかし、左派にしても右派にしても、極端な政策目標から出発していては、大多数の利益にはつながりません。中道から始めて、大衆の信頼を得てから、社会正義を実現していくべきです」

## 草の根の支持で勝利

英国には戦後、三つの大きな改革政権があったといわれる（君塚直隆著『物語　イギリスの歴史』、中公新書）。

一つ目は、第二次世界大戦後、荒廃した経済と国民生活を立て直すため、基幹《きかん》産業を国有化し、社会福祉国家の礎《いしずえ》を築いた労働党のアトリー政権（一九四五～五一年）。

二つ目は、福祉国家ゆえに国の負担が増大し、「英国病」とも揶揄《やゆ》されるほど低迷していた経済を、国有企業を次々と民営化するなど新自由主義の政策で回復軌道に乗せた、保守党のサッチャー政権（七九〜九〇年）。

そして三つ目は、サッチャー流の自由競争の市場原理を重視しながらも、国家による社会福祉にも重点を置く政策、つまり「第三の道」を推進した、労働党のブレア政権である。

サッチャー政権が誕生した一九七九年の総選挙以来、労働党は四回連続で敗北し、強い指導者の登場を待望していた。そこで現れたのがトニー・ブレア氏。同氏は、それまで労働党の党是だった国有化政策を変更するなど、「新しい労働党（ニューレイバー）」を掲げ、党改革を断行。九七年の総選挙で地滑《じすべ》り的勝利を収め、首相に就任した。

矢継ぎ早に国政改革を進めたが、二〇〇三年、イラク戦争への参戦で状況は一転。人気は急落する。後継の労働党・ブラウン政権も、リーマン・ショックの影響で経済が低迷し、一〇年には保守党と自由民主党の連立政権が誕生した。

そして一五年、「古い労働党（オールドレーバー）」への回帰と見られたエド・ミリバンド氏を党首として総選挙に挑むが、大敗（本書第三章第一回を参照）。それでも労働党の原点回帰、左傾化は進み、強硬左派といわれるコービン氏が党首に就くことになった。

コービン氏が勝利し得た理由は諸説あるが、党首選のシステムが変わった

1997年の総選挙期間中、熱烈な支持者に囲まれる労働党のトニー・ブレア党首。この選挙で大勝利したブレア氏は2007年6月まで首相を務めた（AFP＝時事）

こともその一因のようだ。一五年の党首選では、三ポンド（当時は約五百五十円）を支払えば、サポーターとして登録でき、一票を投じることができた。そのほとんどが、保守党政権との違いを明確に打ち出し、格差是正を訴えるコービン氏を支持した。

一六年の党首選でも、登録のための金額や期間が変わったものの、構図は同様だった。「急進的な人物を党首にすれば労働党は総選挙で勝てないだろう」と、コービン氏に投票するため、わざわざサポーター登録した保守党支持者もいたという。

ブレア政権以来の中道路線を放棄し、極左化路線を掲げては国民の支持を得られないと信じる労働党議員団と、急進的な社会主義の政策を掲げ、草の根の支持者を拡大するコービン氏。両者の溝は、ブレグジットを決めた国民投票を経て決定的になった。

最大野党がまとまらなければ、保守党のメイ政権は間違いなく離脱交渉へと突き進むだろう——九月二十四日の労働党党首選は、英国の未来を占う一大決戦として、国民投票後の数カ月の間、最も注目されていた。

## 「第三の道」後の道は？

「私たちは、ブレグジットを問い直す二回目の国民投票を実施すべきです！」

八月四日夕、スコットランドの首府エディンバラのホテルでテレビをつけると、労働党党首選の第一回討論会が中継されていた。国民投票でのコービン党首の行動を責めるオーウェン・スミス下院議員。保守党との対決軸として「ＥＵ残留」を掲げると、会場から大きな拍手が寄せられた。だが、その他の議論では、コービン氏がより大きな拍手を会場に巻き起こす。コービン氏の人気がうかがえる討論だった。

翌五日、記者はエディンバラ大学を訪れ、ジュリエット・カーボ教授を取材した。メイ政権の展望を聞くと、「あらゆる方面から圧力にさらされるテリーザ・メイ首相ですが、不幸中の幸いは、野党である労働党が分裂し、弱体化していることでしょう」と分析していた。

英国滞在中、労働党の現状を危惧する声が多かった。メイ政権が、本来は左派の主張であるはずの「全ての人のための国家」というスローガンを掲げ、ＥＵ離脱へと駒を進める中、労働党は一体、どのようなスローガンを掲げ、政権奪取を目指すのだろうか。

「メイ首相はしばらく野党について心配する必要はない」と、欧州改革センターのレム・コールタウェグ主任研究員も分析する。また、「左派か右派かという政治理念の対立と同じように、

支持者の若者とともに「EU 残留」を訴えたコービン党首だが、その消極的な姿勢には批判も。2016 年 9 月に再選を果たし、最大野党・労働党の舵取りは再びコービン党首の手に（AP ／アフロ）

ＥＵ残留か離脱かという対立軸が、今後の英国政治を動かす新たな基準になるでしょう」とも。ブレグジットが、社会民主主義の左派と保守主義の右派という二大政党政治の構造をも変えてしまうのだろうか。実際に、もし「ブレグジットを止める党」なる政党が存在した場合、最大野党・労働党を押さえ、支持率で第二党になるとの世論調査も発表されている。

アメリカン・エンタープライズ政策研究所の加瀬みき客員研究員はこう語る。

「『もうここまできたら一度分裂しかない』と英国人の友人も言っています。〝弱い最大野党〟は、国民にとっても、与党・保守党にとってもよくありません。デイビッド・キャメロン前首相ですら、『今、辞任したらどうか』とコービン氏を追及しました」

「社会主義がいかなるものかを知らない冷戦後世代の若者たち

が、政府や現状への反発の表現として急進的な左派であるコービン氏を支持しています。それは英国に限った状況ではありません。議会民主制で選ばれた議員と、直接選挙で草の根の支持を得た指導者の対立は、世界中の仕組みの限界を露呈する一つの例でしょう」

新自由主義と、急速なグローバル化が生んだひずみが中間層の不満となって噴出した、ブレグジットという未曽有の決断。英国の最大野党・労働党は、与党との違いを明確にアピールしながら、その声を政策に反映させ、英国政治に新しい風を吹き込めるのか。そして、EUとの離脱交渉において、積極的な役割を担っていけるのか。

「第三の道」後の座標を模索し続ける労働党。ポスト・ブレグジットの時代にある英国社会にとって、同党が果たすべき責務はいやまして重い。

# 英国離脱の衝撃
## ――識者に聞く――

# 第2章

英国のEU離脱の行方と国際社会に与える影響について、識者に行ったインタビューを掲載する。

【写真】メイ英首相は保守党の年次党大会で演説し、2017年3月までにEU離脱の交渉を始めると表明（イングランド中部バーミンガムで）。後方には、メイ政権のスローガンである「全ての人のための国家」が掲げられている（AFP＝時事）

Interview
第1回

# メイ政権は移民の規制を優先

## ロンドン大学キングスカレッジ
## アナンド・メナン教授

Anand Menon
一九六五年、英国生まれ。専門は欧州政治。オックスフォード大学卒。同大学講師、バーミンガム大学教授を経て、現職。英国下院外交委員会アドバイザー、「変化する欧州の中の英国」構想のディレクター、英国王立国際問題研究所のアソシエイト・フェローも務める。

――テリーザ・メイ英首相は二〇一六年十月二日、英国の欧州連合離脱の交渉を二〇一七年三月までに開始すると、保守党大会で表明しました。世界が注目する離脱交渉の焦点は？

**メナン教授**　欧州単一市場は「モノ」「サービス」「人」「資本」の四つの移動の自由が組み合わさって成立しています。英国が望む移民規制は「人」の移動の自由に反し、他の三つの自由だけ享受《きょうじゅ》する〝いいとこ取り〟は、他のEU加盟国が許しません。

【写真】©Seikyo Shimbun

新たな条約を結ぶには全加盟国の了承が必要です。双方がどこまで妥協できるかが焦点でしょう。

一つの例を挙げます。ポーランドの首都ワルシャワには、英国のスーパーマーケットが驚くほど多い。単一市場のため簡単に開店できることに加え、英企業の競争力が高いため、地元の店を追い出してしまうからです。英企業がポーランドで利益を得る代わりに、同国からの移民を英国が受け入れる、という一種の〝取引〟が成り立っているわけです。英国が移民を規制すれば、こうしたEU加盟国が英企業を受け入れるとは考えにくい。

欧州単一市場といえば「関税」の側面ばかりが強調されますが、それだけではありません。移民規制によって手放さなければならないものが実は多い。

――単一市場を離れる影響は？

**メナン** 輸出入の縮小、英国への投資の減少、在英外国企業の国外移転など、英国経済は深刻なダメージを受けるでしょう。しかし、六月の国民投票は移民規制を求める国民の意思を明確に示しました。メイ首相は、欧州単一市場へのアクセスを犠牲にすると見られています。

ただし、悲観的になりすぎる必要もありません。英国には経済・金融の中心地として培《つちか》った、数世紀にわたる経験と知識があります。ある程度、影響力は低下するかもしれませんが、今後も積極的な役割を果たし続けていけるはずです。

――教授は米誌への寄稿の中で、英国民投票の結果は政治エリートに対する「警鐘」であると述べています。教授がイングランド北部で講演し、ＥＵ離脱によるＧＤＰ（国内総生産）への影響について説明すると、聴講者が「それはお前のＧＤＰだ。俺らのではない！」と発言したエピソードも印象的でした。

**メナン**　ブレグジットは、英国社会の多くの亀裂を表面化させました。連合王国を構成する四つの国（イングランド、ウェールズ、スコットランド、北アイルランド）の主張の違いや、若者と中高年の意識の対立もそうですが、とりわけ深刻なのは、貧富の格差です。

グローバル化の恩恵を受ける都市部と受けない地方の格差は歴然です。ロンドンなどの大都市と地方はまるで別世界です。成長から取り残された人々の声なき声を、これまで政治エリートは無視し続けてきた。この政治と民意の乖離《かいり》に、大きな問題があったと考えます。最大の課題は、こうした人たちを政治のメインストリーム（本流）に戻すことです。

――メイ政権は、「全ての人のための国家」を標榜《ひょうぼう》しています。

**メナン**　政府が国民投票で得た教訓を生かそうとしている点は評価します。メイ首相の発言にも好感が持てます。ただし、有言実行かどうかはこれからです。

英国だけでなく、欧州各国を右派ポピュリズム（大衆迎合主義）が席捲《せっけん》しています。米国もそうです。豊かになれない労働者が、グローバル化に背を向けています。しかし、全体の成長が止まるのもよくない。リベラル民主主義の危機を乗り越えるには、全体の収益を増やしながら、もっと平等に再分配できる状況を作り出さなければなりません。とともに、もっと開かれた政治システムを確立しなければなりません。

*Interview*

第2回

# 未曽有の難局に山積する課題

英シンクタンク 欧州改革センター
レム・コールタウェグ
主任研究員

Rem Korteweg
一九八〇年、オランダ生まれ。専門は英EU関係、欧州の外交政策。オランダのライデン大学で博士号（国際関係）を取得。フルブライト奨学生として米ジョンズ・ホプキンス大学で研究した後、オランダの政策シンクタンク研究員、同国外務省のアドバイザーを務め、現職。

――離脱交渉について、どのような見通しが考えられますか。

**コールタウェグ主任研究員**　まずブレグジットは、英政府にとって戦後最大の改革になることは間違いありません。主に六分野の交渉が想定されます。それら全てが複雑極まりなく、しかも同時に進めなければならないものです。

一つ目は、ＥＵから英国を離脱させるための実務的な交渉です。ＥＵには数え切れないほどの規制があります。その一つ一

【写真】©Seikyo Shimbun

つを検証して、どれを離脱後も採用するか、別の規制で代用するかを決めなければなりません。加えて、ブリュッセルのEU本部で働いている英国人職員の年金はどうするのか、英国内にあるEU機関をどうするのか、といった細かなことまで全て議論しなければなりません。

二つ目は、貿易を巡る交渉です。英国の対外輸出の五割近くはEU域内に向けられています。今は欧州単一市場の枠の中にいますので関税は掛かりませんが、離脱すれば話が違います。英国経済への打撃は免《まぬか》れません。離脱後、EUとどのような貿易協定を結べるかが、最大の課題です。

――離脱直後に都合よく、貿易協定が結べるとは思えませんが……。

**コールタウェグ**　そこで必要なのが三つ目の交渉、すなわち移行期間の暫定《ざんてい》的《てき》な貿易協定についての話し合いです。

四つ目は、世界貿易機関（WTO）加盟国との交渉です。英国は現在、EUと共同でWTOの加盟資格を有していますが、離脱後に備え、他の全加盟国（百六十二カ国・地域）と交易条件を再交渉しなければなりません。

五つ目は、メキシコや韓国など、ＥＵと独自に自由貿易協定を結んでいる国との交渉。最後は、国境を越えたテロや犯罪を防ぐため、ＥＵとの情報交換をどこまで維持できるかについての交渉です。

――交渉は長引きそうですね。

**コールタウェグ**　少なくとも二年以上はかかるでしょう。また、これほど多くの課題を抱えていれば、他の国際問題に取り組む余力がなくなるでしょう。ロシアとの関係、また中国の南シナ海での行動など、どのような課題に対しても積極的な役割が見込めなくなります。

――逆に、英政府は国際社会からの信頼を取り戻すために、より積極的になるという見方もあります。

**コールタウェグ**　正しい指摘です。例えば、北大西洋条約機構（ＮＡＴＯ）の一員として、欧州の安全保障に一層の貢献をすることが考えられます。ただ注意しないといけないのは、ＥＵとの交渉材料として、ＮＡＴＯでの役割を引き合いに出すこともあり得る点です。西側同盟の結束に影を落としかねません。

――ブレグジットによって、欧州の結束はすでに揺らいでいます。

**コールタウェグ**　ええ。オランダ自由党のヘルト・ウィルダース党首など、右派ポピュリズムの政治家が力を増しています。政治エリートが民意をくみ取れなかった帰結です。それはＥＵの官僚主義、政治システムに最も顕著です。ＥＵ市民の民意が政策に反映されない「民主主義の赤字」こそ問題の本質です。

政治と民意の橋渡しの方途はあるはずです。ＥＵの行政上の改革が必要であることは論を俟《ま》ちませんが、ＥＵ市民に対する「教育」も重要であると考えます。

ブレグジットを決めた国民投票の後、インターネットで最も検索されたキーワードは、「ＥＵとは何か」でした。誇張された事実ではなく正確な情報をもとに判断できるよう、市民一人一人が努力し続けることも、民主主義の要件の一つではないでしょうか。

Interview
第3回

# 連合王国は自己同一性《アイデンティティー》の危機に

エディンバラ大学
ジュリエット・カーボ教授

Juliet Kaarbo
米国カンザス州生まれ。オクラホマ大学を卒業後、オハイオ州立大学で博士号（政治学）を取得。カンザス大学の准教授等を経て、現職。専門は外交分析、外交心理学。主な著書に『連立政権の政治と内閣の政策決定（原題：Coalition Politics and Cabinet Decision Making）』など。

――スコットランド自治政府は、英国（＝連合王国）からの独立の賛否を問う二度目の住民投票の法案を発表しました。同政府のニコラ・スタージョン首席大臣は「英国全体をハードブレグジット（強硬離脱）から救う」と訴えています。

テリーザ・メイ首相は二〇一六年七月、スタージョン首席大臣と会見した際、連合王国としての合意を得るまで、離脱交渉は開始しないと述べていました。〝見切り発車〟的な交渉開始

【写真】©Seikyo Shimbun

は波風が立つのでは……。

**カーボ教授** ＥＵ離脱を問う国民投票は「英国全体」の選挙でした。焦点の一つは、スコットランドが二度目の独立投票をちらつかせながら、どこまで交渉に影響を与えられるかです。

――教授は米国人学者として、スコットランド独立の賛否を問う住民投票（二〇一四年）、そして今回のブレグジットを決めた国民投票を現地で目撃されました。

**カーボ** 興味深い場所です。スコットランドには伝統的に、リベラルな社会民主主義の気風があります。もし独立した国家であれば、湾岸戦争やイラク戦争でも、（英国とは）別の道を選んでいたでしょう。（一般に認識されているような）国家主義・民族主義的な動機だけが、独立賛成派を動かしているわけではありません。国民投票ではスコットランドの全ての地区が残留を選びましたが、ブレグジットによって、スコットランドとイングランドの価値観の亀裂も深まったといえます。

――英外交の今後の課題は?

**カーボ**　英国は今、「アイデンティティー(自己同一性)の危機」に直面しています。国際社会における自国の役割を巡り、国内世論が分裂しているからです。スコットランドとの亀裂が、その最たる例です。

とはいえ、国民の過半数が離脱を選択した事実は変わりません。自らの新しいアイデンティティー、つまり目指すべき国際社会での〝位置付け〟について、国民の合意を形成していかなくてはなりません。

――ブレグジット後は、どのような〝位置付け〟が考えられますか。

**カーボ**　EUから離脱はするが欧州の一員でありつつ、米国との同盟関係により重きを置く――。二十年前であれば、これが最善の答えだったのかもしれません。しかしイラク戦争を経て、英国民の多くは以前ほど米国を信頼できなくなりました。

米国もアジア太平洋地域へのリバランス(再均衡・重視)政策を進めています。その上、米国にとってブレグジットは望ましい結果ではなかったはずで、英米両国は今後も緊密な関係を維持すると考えられますが、ＥＵから離れた分、英国が米国との同盟強化に重心を移すようなことはないでしょう。

——ブレグジットの衝撃が、世界秩序の基調となっている民主主義を問い直す〝警鐘〟になっているとの意見もあります。

**カーボ**　少なくともスコットランドでは、排外主義的な動きが顕著ではありません。

これまでも民主主義は、反グローバル主義や右派ポピュリズム（大衆迎合主義）に挑戦されてきました。二〇〇一年の米同時多発テロの後から様相が少し変わりましたが、秩序が根底から覆《くつがえ》されることはありませんでした。

政治エリートに今、求められているのは、グローバル化に取り残された人々の声に耳を傾けることです。しかし、市民の側からも積極的に参画しない限り、選挙の票を獲得したい政治家に利用されてしまうだけです。政治家を冷静に見極める土壌を市民社会に築くことが、求められているのではないでしょうか。

*Interview*
第4回

# 英中の「黄金時代」は継続するか

王立国際問題研究所アソシエイト・フェロー
## ロデリック・ワイ氏

Roderic Wye
英外務省の中国・東アジアの専門家として三十年以上勤務。一九八〇年代から九〇年代にかけて二度、在北京英国大使館に一等書記官として赴任。一九九九年から二〇〇二年まで、外務省の中国・香港局の局次長を務め、一〇年、アジア研究部門の責任者で退官した。

――メイ政権の発足後、最も話題になったニュースの一つは、中国が約八千億円を出資する原子力発電所の建設計画の承認を、英政府が土壇場《どたんば》で延期したことでした。

〈計画は二〇一六年九月に承認されたが、英国の対中国政策に変化があるのではと注目された〉

**ワイ氏**　どのような投資も出資する以上、何らかの見返りを求めるものですが、自国政府と密接な関係がある中国の経済団体には、投資が経済的目的だけではなく、より政治的な色彩を帯《お》びる傾向があります。原子力発電所という国家の安全保障に深く関わる基幹《きかん》インフラへの中国の投資について、メイ政権として懸念を示したわけです。

――原子力発電所の承認が延期された際、駐英中国大使は「相互信頼関係が試される」と述べ、中国メディアはこれを警告だと報じました。

ワイ　中国からの対英投資の減少をちらつかせる「圧力」でした。これからEUを離脱する英国にとって大きな痛手です。

2016年9月5日、杭州で行われたメイ首相と中国・習近平国家主席との首脳会談。「メイ外交の最大の正念場」といわれた（Press Association／アフロ）

中国は英国を拠点に、ＥＵとの協力関係を築き、欧州における影響力を強化しようとしていました。ゆえに、中国にとってブレグジットは好ましい結果ではありませんでした。

しかし、国民投票後も中国は新たな対英投資に前向きな立場を堅持していました。今後とも両国が、重要な経済パートナーであることを示したのです。その矢先のメイ政権による承認延期だったため、中国側の衝撃が大きかったのでしょう。

——デイビッド・キャメロン前首相は在任中、「英中黄金時代の幕開け」と述べ、蜜月《みつげつ》の政策を推進しました。

〈メイ首相も二〇一六年九月に習近平《しゅうきんぺい》国家主席と会見し、「英中関係は今、黄金時代にある」と強調している〉

**ワイ**　メイ首相は前政権の路線をある程度、引き継ぐと考えられますが、そもそもが砂上《さじょう》の楼閣《ろうかく》です。キャメロン政権の前半、英中関係は冷え込んでいました。英中蜜月が始まったのは最近の話です。緊張から親密な関係へと極端に振れるのは、不安定さの裏返しでもあります。

英中関係の歴史は長く、複雑なものです。香港での人権問題や南シナ海の領有権問題など、英中の両政府には避けては通れない課題があります。

――中国の国営新華社通信はブレグジットが決まった際、民主主義の制度はポピュリズムに脆《もろ》いとの論評を掲載しました。

ワイ　英国だけでなく欧州各国、また米国においても、グローバル化に取り残された人々の不満が噴出しています。しかし、政治エリートへの不信や現状に対する不満の原因はあくまで別にあります。

改善しなければならない点は多いですが、民主主義の制度そのものに完全な落ち度があるわけではありません。民主主義であるからこそ、現状への不満を表現できるわけです。

民主主義の秩序は、この数年来、世界的な金融危機や難民の問題によって揺さぶられています。しかし、相互依存がかつてないほど深まった現代において、自らを国際社会から切り離すことなど不可能です。平和の象徴である

ＥＵからの離脱に踏み切るからこそ、どう国際社会と、より積極的に関わり続けていくのか。英国にとって、これからがまさに正念場《しょうねんば》でしょう。

# 英国離脱に至る歩み
## ──オピニオン2015～2016──

## 第3章

今回の英国離脱（ブレグジット）に至るまでの英国とEUの事情について、当時「聖教新聞」に掲載されたインタビューを収録する。

【写真】フランス・ストラスブールの欧州議会場
（AFP =時事）

*Opinion*
第1回

# 英国総選挙——保守党が「驚きの勝利」

アメリカン・エンタープライズ政策研究所
加瀬みき　客員研究員

二〇一五年五月七日に投開票された英国総選挙（下院定数六百五十）では、保守党と労働党の「大接戦」という大方の予想を覆《くつがえ》し、保守党が単独過半数を獲得（三百三十一議席）。この「驚きの勝利」は英国内だけでなく、国外メディアでも大きく報じられた。

なぜ、そうした事態が生じたのか？　また、選挙結果は今後、英国政治をはじめ欧州や国際社会に、どのような影響を及ぼすのか？

（二〇一五年五月二十四日付掲載）

【写真】©Seikyo Shimbun

## 選挙戦術の達人が活躍

――世論調査が〝大外れ〟しましたね。

**加瀬客員研究員**　ええ。投票締切時間の午後十時を少し回ったところで、「保守党絶対有利」というBBC放送の出口調査が発表され、接戦を予想していた専門家たちは「信じられない」と繰り返していました。その後、開票が始まり、出口調査が実際の結果に限りなく近いであろうことが分かると、英国メディアは興奮状態となったのです。

――保守党党首のデイビッド・キャメロン首相は、選挙結果を受けて、「これまでで最も愉快《ゆかい》な勝利だ。コメンテーターは間違っていた」と述べました。

**加瀬**　総選挙後しばらくして分かってきたことは、実は保守党も労働党も、実際の結果に近い獲得議席数を事前に予想してい

かせ・みき
東京生まれ。上智大学外国語学部ドイツ語学科卒。一九七八年から九四年まで東京銀行に勤務後、米国フレッチャー法律外交大学院で修士課程を修了。スタンフォード大学ワシントン校客員研究員を経て現職。著書に『大統領宛　日本国首相の極秘ファイル』（毎日新聞社）など。西側同盟をテーマに日本、米国、欧州で調査・インタビューを行っている。

たという点です。保守党は、投開票日の三～四週間前には、三百議席以上取れると踏んでいました。

――政党の調査と世論調査会社では、何が違っていたのでしょうか。

**加瀬**　端的に言えば「アンケートの方法」です。英国の一般的な世論調査では「どの政党を支持するか」とは尋ねますが、「どの候補者に投票しますか」とまでは聞きません。それに対し、各政党は「誰が・どのような理由で・どの候補者に入れるか」ということまで綿密《めんみつ》に調べ上げました。とりわけ接戦区が多かった今回の総選挙では、緻密《ちみつ》な情報分析が必要だったのです。

――保守党が単独過半数を得て、「宙ぶらり議会」を回避した理由としては、何が考えられますか。

**加瀬**　主に、五つの要因が挙げられます。まず、①保守党が選挙戦術に長《た》けていたということ。同党の選挙戦略を担当した二人の人物の功績は特に大きかった。一人は、かつて大接戦と予想されたロンドン市長選で保守党候補を勝利に導き、「選挙のプロ中のプロ」として知られるリントン・クロスビー氏。

もう一人は、バラク・オバマ米大統領の再選に貢献した、インターネット選挙のエキスパートであるジム・メッシーナ氏です。

例えば、メッシーナ氏は、地域や世代、男女ごとの有権者の関心を詳細に調査したデータを収集・分析し、クロスビー氏が全体的なメッセージを考え、「どんなメッセージを誰に発信すれば得票につながるか」を緻密に練りました。そして「この内容、この言い方はダメ」というところまで各候補者・党員に徹底し、接戦地区の大半で保守党候補が勝利したのです。

②党首イメージを前面に押し出したことも勝因の一つです。「あなたの首相には保守党のキャメロン党首がいいですか。それとも労働党のミリバンド党首ですか」と有権者に問うと、「キャメロン氏」と答えた人の割合が多かった。英国の伝統的エリートであるキャメロン氏を嫌う人もいますが、彼は人当たりがよく、第一子を失った経験もある〝苦労人〟です。信頼に足る、力強いリーダーという印象が形成されており、選挙戦では、彼のリーダーシップを強く訴えたのです。

## 〝古い労働党（オールドレーバー）〟への反発

――一方、労働党の敗因は何ですか？

**加瀬**　③労働党の左傾化は失敗でした。エド・ミリバンド党首の政治スタンスは、トニー・ブレア第七十三代首相（労働党元党首）が左派・右派を問わず、全ての人々を包摂《ほうせつ》しようとした「ニューレーバー」の流れに反して、「古い労働党」に戻るというものです。彼は、増税・福祉拡大の「左」路線に切り替えましたが、新たな機会を求めてチャレンジしたい人々から反発を招いたと考えられています。

④保守党の労働党へのネガティブ・キャンペーンも成功したといえます。「労働党が勝てば、スコットランド国民党（ＳＮＰ）と組むぞ」と、投開票日の二週間ほど前から訴え始めました。

ただし、イングランドの人々が、スコットランドの独立を恐れているということが背景ではありません。ＳＮＰは五十六議席を得て大躍進しましたが、スコットランドの人口は英国全体の八・四％にすぎない。わずか八％程度を代表する議員が与党の一角として政権に強く影響を及ぼすことに、不公平感を覚えたのです。

最後に、⑤国民は安定と成長を選んだという点です。保守党はこの五年間で、英国経済を成長に導きました。その実績はこれまで党の支持率上昇につながっていませんでしたが、いざ選挙となれば、やはり「安定と成長」を得たいという国民心理が働いたのだと思います。

――二〇一五年五月十二日には、第二次キャメロン政権が船出しましたが、新政権の前途は多難との声も聞かれます。

**加瀬**　例えば、スコットランドの独立問題は、

事前予想を覆して単独過半数を獲得し、第２次政権をスタートさせたキャメロン首相（2015年５月／EPA＝時事）

今後も重大な政治課題です。スコットランドへの権限移譲が進むほど、英国を構成する他の三つの国（イングランド、北アイルランド、ウェールズ）の人々が不満を強め、国内の亀裂が深まり緊張が高まれば、英国の国力の弱体化や国際的地位の低下に直面してしまいます。

## 焦点はEU離脱問う投票

――最大の焦点は、保守党が公約に掲げた「英国の欧州連合（EU）加盟継続を問う国民投票」です。保守党は「二〇一七年末までの実施」を約束しました。その背景には、東欧からの移民が職を奪い、社会福祉にただ乗りしているという国民の不満があるといわれます。

**加瀬**　英国民の反EU感情は、移民問題・福祉ただ乗りだけに起因するものではありません。実際の東欧からの移民は、教養もあり、真面目に働く人々が多く、税金も納めています。また、好景気の中で失業率も改善しています。

そもそも反EU感情は、英国と大陸各国との長い歴史に起因しています。第二次大戦後、欧州統合の理想を最初に提唱したのはウィンストン・チャーチル元英首相でしたが、それはあくまで〝大陸欧州〟の統合でした。戦争が続いた大陸欧州で二度と戦争が起きないよう一つになるべきだとの主張であり、そこに英国は入っていなかったのです。

歴史的に、海洋・商業国家の英国は、農業国の多い大陸欧州と一線を画してきました。自由・競争を好む英国に対し、大陸欧州の国々はルール・規制を重んじがち。ゆえに、英国が欧州経済共同体（EUの前身）に加盟しようとした際には、〝共同体の性質を変える〟とシャルル・ドゴール仏大統領が拒絶しました。実際、加盟後には、英国の価値観が大陸欧州に多大な影響を与えてきたことは間違いありません。

――EU「残留」「離脱」のどちらの可能性が高いのでしょうか。

**加瀬**　世論調査では、今のところ「残留」が濃厚ですが、国民投票の実施時期に反EU感情をわき立たせるようなことが起きれば、「離脱」に傾くことも十分にあり得ます。

――もし「離脱」となれば、ＥＵ及び国際社会への悪影響も懸念されます。

**加瀬**　英国が脱退すれば、ＥＵは再び大きな変質を迫られることになるでしょう。経済、外交・安全保障の面で影響力を失い、その存続意義をも問われることになりかねません。「ＥＵの将来は英国にかかっている」との分析もあるほどです。

また同盟国の米国は、ＳＮＰ躍進に象徴される英国社会の分裂、ＥＵ離脱をもたらす可能性を強めた今回の選挙結果にショックを受けています。米メディアには〝英国は自滅するつもりか〟〝イングランドだけの小国になるのか〟との論調が目立ちました。米国は超大国ですが一国で行動することは好まず、外交・安保面では、英国が共に行動することを求めてきました。英国政治の混迷は、米国の国際社会への関わり方に影響を与えます。

日本、中国をはじめ、アジアへの影響も少なくないでしょう。中国が主導するアジアインフラ投資銀行に欧州各国が参加したのも、英国の参加表明が契機でした。英国の今後の動向に、国際社会も注視せざるを得ないのです。

■取材メモ

スコットランド国民党が第三勢力（五十六議席）に躍進する一方、連立与党だった自由民主党は五十七議席から八議席へと転落した。「自分たちがどれだけ貢献したかを主張しなさ過ぎた」と加瀬氏。議会政治における第三極の立ち位置の難しさを示すものとなった。

*Opinion*

第2回

# 正念場迎えるEU統合

オックスフォード大学
## ジェームズ・ティリー教授

欧州に押し寄せる難民の受け入れでは、ＥＵ加盟国の意見が分かれた。さらに、ギリシャに端を発した通貨危機、二〇一七年末までに予定されている英国のＥＵ離脱を問う国民投票など、亀裂が浮き彫りになっている。「統合」を揺るがしかねない事態が生まれる背景とは何か？　欧州政治に詳しい、オックスフォード大学のジェームズ・ティリー教授に聞いた。

（二〇一五年十月十八日付掲載）

【写真】©Seikyo Shimbun

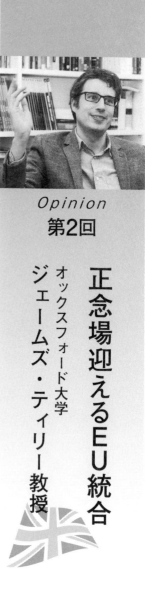

## 受け入れの分担で対立

――EUは先月（二〇一五年九月）、ようやく難民十二万人の受け入れに合意しましたが、実際に欧州に流入する難民の数は数十万人に上ります。

**ティリー教授**　確かに深刻な事態です。しかも、欧州に向かう人々は、シリアを中心とする難民の一部であることを忘れてはならないでしょう。シリアだけでも、内戦による国内避難民の数は七百六十万人、国外難民は四百万人超。欧州に押し寄せる人々だけを受け入れるのは、いろんな意味で単なる政治的ジェスチャー（演出）になってしまいます。

経済学者のポール・コリアー博士（オックスフォード大学教授）は、シリアの周辺国に住む難民への支援に力を注ぐべきだと強調しています。紛争はいつか終わりますが、その時に、難民が

James Tilley
一九七六年、英国生まれ。専門は比較政治学。オックスフォード大学を卒業後、博士号を取得。現在、同大学の政治・国際関係学部教授、ジーザスカレッジのフェローを務める。主な研究分野は、英国・EUにおける世論の動向と投票行動。学術誌に多数の論文を発表し、英国メディアでも活躍している。著書に『Blaming Europe?（欧州を責める？）』（共著、オックスフォード大学出版局）など。

帰国し、シリアに住み続けられるように、難民の経済的自立を促す周辺国支援を行うべきだというのです。

私も同じ意見です。難民・国内避難民を支援する上で、できるだけ多くの人々の生活の安定を、可能な限り早く実現することが重要です。

――今回の十二万人の受け入れ合意も、一枚岩ではありませんでした。

**ティリー**　ええ。ＥＵ域内の自由な移動は、シェンゲン協定（加盟国間の国境を出入国審査なしで自由に往来できることを定めたＥＵの協定。一九八五年、ルクセンブルク・シェンゲンで調印された）によって可能になっているとはいえ、それが難民・移民となると、事情は各国で異なります。難民の受け入れを公平に分担しようとしても、対立は避けがたく、合意を得るのは容易ではありません。その中で、移民流入に反対する極端な右派政党が勢力を伸ばしているのも事実です。

英国では、ほとんどの人がＥＵの移民政策を歓迎していません。移民の流入を望む人の数は、英国民の四分の一。国民の半数以上が、国外から移住してくるのを望まないばかりか、すでに受け入れた移民の数が現状でも多すぎると考えています。

――歓迎されない理由は?

**ティリー**　主に、二つの要因が挙げられます。一つは、中東・アフリカからの移民の大半がイスラム教徒で、文化・生活様式が欧州のそれと異なる点です。

もう一つは、難民受け入れの責任の所在が不明確な点です。最終的な責任を担う行政組織が、EUなのか、各国家なのか、または州や市などの地方政府なのか。それがあいまいで、不安が払拭《ふっしょく》されないのです。

シリア紛争の戦火から逃れ、トルコとの国境地帯までたどり着いた難民
(2015年6月/EPA=時事)

――日本には、どのような支援策を期待しますか。

ティリー　難民の受け入れ枠《わく》の拡大よりも、周辺国で難民支援に当たる国際機関への財政援助のほうが、役立ちます。より現実的かつ効果的な支援が望まれるのではないでしょうか。その意味で、先の国連総会（二〇一五年九月）で表明した日本政府の対応（八億一千万ドル〈約九百七十億円〉の難民支援）は賢明だと考えます。

## 政策決定手続きに問題

――教授は、著書『欧州を責める？』で、欧州議会の議員に「責任を取らせる」ことができない政治システムの問題を指摘しています。

ティリー　ええ。ＥＵの政策を決定するのは各国の代表で構成される閣僚理事会や欧州委員会です。欧州議会と違い、ＥＵ市民の審判を受けません。選挙民の投票で政策立案者に責任を取らせることのできないシステムなのです。

このことは、政策決定・遂行の責任を負う官僚が〝結果責任〟を問われないことを意味します。「結果責任なき遂行責任」という問題です。民主的統制を欠くことから「民主主義の赤字」ともいわれます。その代償として、EUへの信頼が低下し、「法的正統性」の維持が困難になります。ギリシャ危機・難民問題は、その最たる例でしょう。

自分たちの意見が反映されないことから、EUに対する嫌悪感はますます増幅《ぞうふく》しています。東欧に限らず、フランスや北欧の国々でも、EUに背を向ける人が多いのです。

――どのような解決策が考えられますか。

ティリー　一つには、統治の仕組みを改変することです。欧州議会の権限を強化したり、欧州委員会委員長を直接選挙で選出すれば、統治の責任がもっと明白になるはずです。ただし、簡単なことではありません。

他方で、正反対の発想として、(欧州の人々の)政治的な連帯を弱め、自由貿易協定の時代に戻ることもよく議論されます。しかし、国家の政治指導者の多くも、ＥＵの官僚たちも、「統合の理想」に執着しているため、実現されにくいシナリオでしょう。

ほかに「二段変速」の統合も考えられます。統合したい国・したくない国を認め、段階的に統合するというものです。英国のＥＵ離脱の賛否を問う国民投票は、この議論を加速させることでしょう。数カ月前と異なり、今ではＥＵ離脱の可能性が高くなりつつあります。

## 英国に広がる離脱の声

――英国のＥＵ離脱の可能性を高めている要因は何でしょうか。

ティリー　主な理由は、ギリシャ危機です。ＥＵ残留の支持派は、離脱が英国の経済・金融にダメージを与えると主張しますが、昨今のギリシャ危機や、ドイツの突出した影響力を目《ま》の当たりにすると、欧州統合の理想が、英国にとっての成功物語に映らないのです。

もう一つは、英国民の投票行動が変化した点です。一九七五年、ハロルド・ウィルソン首相率いる労働党の政権下では、英国の欧州共同体（ＥＣ）残留の賛否を問う国民投票が行われ、残留を望む首相の訴えが、労働党支持者にかなり影響を及ぼしました。政治リーダーへの信頼が厚く、「私は労働党支持者だから、ウィルソンの意見を支持します」との立場をとる人が大勢いたのです。

近年の有権者は、政党や政治家を選出する際、〝消費行動〟に似た感覚で決める傾向が目立ちます。各政党の長期展望や基本理念に関心を寄せるのではなく、その時々の政策の是非のみで判断するのです。

主要政党の指導者がおおむねＥＵ残留側にいることは今も昔も変わりませんが、政治指導者に昔ほどの影響力はないといえます。

――英国が離脱すれば、欧州統合の理想にとって大きな挫折《ざせつ》だと思います。

**ティリー**　その通りです。結果は測りかねますが、もし英国が離脱すれば、後に続く国が現れることも考えられます。あるいは、離脱した上で、自由貿易協定を結ぶという方法を選ぶかもしれません。

――離脱を巡る国民投票では、何が争点になると考えますか。

ティリー　自分たちの生活を左右する経済問題に、有権者の目は向くのではないでしょうか。英国が離脱すると、国際政治・経済への影響力が低下するという議論は、政治家や外交官の関心事ではあっても、一般市民の興味を惹《ひ》きにくいといえます。

また、ＥＵが中東地域でどれほどの影響力を持つかという点には、一般の関心度は低いでしょうが、東欧諸国からの移民が自分たちの地域に増えることには関心を寄せる人は多いです。

ＥＵ域内の「移動の自由」についても、自分たちが選んだ英国議会の政治家が決めたことではない点に、不平・不満が募《つの》っています。

そのため、離脱の賛否を問う国民投票は「民主主義の赤字」「結果責任なき遂行責任」に対する追及の機会になるとも考えられます。

■取材メモ

教授の案内でキャンパスを歩くと、オックスフォード大学ジーザスカレッジの卒業生であり、四十年前（一九七五年）の国民投票をEC残留に導いたウィルソン首相の肖像画が構内にあった。伝統的に大陸欧州と距離を置く国柄。難民やギリシャ危機、一強ドイツの突出……。今回ばかりは、〝歴史は繰り返す〟という格言に首肯《しゅこう》できない気分になった。

Opinion

第3回

# 「EU離脱」を決めた英国民投票

北海道大学大学院
遠藤 乾 教授

世界中が固唾《かたず》をのんで見守る中、英国民が下した「EU離脱」という決断は、欧州の未来、国際社会にいかなる影響をもたらすのか。英国に赴《おもむ》き現地調査をしているEU研究の第一人者、遠藤乾《けん》・北海道大学大学院教授に、投票結果の分析と展望について聞いた。

（二〇一六年六月二十五日付掲載）

【写真】©Seikyo Shimbun

## 移民問題の不満反映か

――英国民は、ＥＵ離脱の決断を下しました。世界に衝撃が走っています。

**遠藤教授**　結果が明らかになった二〇一六年六月二十四日朝（現地時間）、英国のマスメディアは異様な興奮に包まれていました。

離脱の経済的リスクをきちんと把握する残留派が理性的で、離脱派が感情的であると理解されがちですが、それは違います。双方とも主張の根底には人間の基本的な感情である「恐れ」がありました。

国民投票は「恐れ」対「恐れ」の戦いであり、感情が理性に勝ったということではありません。今回の離脱派の勝利は、自分たちのことは自分たちで決める自決権を失う恐れ、そして移民急

えんどう・けん
一九六六年、東京生まれ。専門は国際政治、ＥＵ研究。北海道大学を卒業後、欧州委員会（ＥＵ執行機関）の研究諮問機関「未来工房」専門調査員などを経て、オックスフォード大学で博士号を取得（政治学）。米ハーバード法科大学院エミール・ノエル研究員等を歴任し、現職。著書『統合の終焉』（岩波書店）で読売・吉野作造賞を受賞。二〇一五年、共同で編集代表を担当した『シリーズ　日本の安全保障』（全八巻、同）が完結し、二〇一六年秋には『欧州複合危機』（中公新書）を出版した。

増への恐れが、EU残留派の離脱による現状変更の恐れを凌駕《りょうが》した結果です。

――今後、英国とEUの関係はどのようになるのでしょうか。

**遠藤**　EU条約五〇条には、自国の憲法に基づいて決定し、欧州理事会に通知すれば、二年後に脱退の効果が生じると定められています。したがって、英国の首相はEUに離脱の意思を通知した上で、まずは二年後に向けて、脱退協定の締結《ていけつ》を目指すことになります。

ただし、二十四日午前八時過ぎ、デイビッド・キャメロン首相は辞意を表明しました。これほど大きな運動を起こした上、残留を訴えて負けたので当然でしょう。しばらくの間、英国の未来を決める極めて重要な時期に、政治的な基盤の弱い指導者が国家を率いることになるでしょう。混乱が長引くことは想像に難くありません。

――なぜ離脱派が勝ったのでしょう。

**遠藤**　さまざまな要因があります。一つは文化的要因。EU残留によって自決権の範囲が狭まれば、英国が英国でなくなる。移民が急増すれば、英国らしさが失われる。こうしたアイデンティティー（自己同一性）喪失への「恐れ」が、離脱派を突き動かしました。

さらに社会・経済的な要因として、移民急増による失業や低賃金への「恐れ」が、投票結果に大きく影響したと考えられます。

投票行動の詳細な分析はこれからですが、残留派が若者票を取り切れなかったことを指摘されるかもしれません。

また、労働党支持者の投票行動も結果を左右したはずです。党の方針は残留支持でした。しかし、労働党の支持層にとって、移民やそれをもたらすEUが、自分たちの雇用や生活を脅《おびや》かすと映った可能性が高い。彼らが離脱への一票を投じたか、あるいは投票を棄権したことが考えられます。

## 発端は保守党内の亀裂

### ――国際通貨基金（IMF）が「（離脱の場合は）世界的に大きな打撃が広がる」

と警告するなど、国民投票は政治的に懸念されていました。そもそも英国政府は、なぜ実施したのでしょうか。

**遠藤**　実は、震源地は保守党の内紛にあります。

一九九三年、マーストリヒト条約が発効し、ＥＵが発足しました。その前後に、統一通貨ユーロの導入や中央集権化を巡る議論の中で、英国の有力政治家の中に、欧州懐疑主義が生まれました。代表格は保守党のマーガレット・サッチャー首相であり、ジャック・ドロール欧州委員会委員長と欧州の統合観・世界観を巡って衝突しました。その際に、親ＥＵと反ＥＵの亀裂が保守党内部に埋め込まれたのです。

今回の国民投票で離脱派を率いた英国独立党のナイジェル・ファラージ党首は、もともと保守党員でしたが、同党のジョン・メージャー首相がマーストリヒト条約に署名したことに失望し、保守党を飛び出して英国独立党を結成しました。

同党の飛躍には時間を要しましたが、徐々に国民の反ＥＵ感情を吸収していき、支持を拡大していきました。一昨年の欧州議会議員選挙では二十四議席（英国の割当議席は七十三）を獲得し、第一党の座にまで上り詰めました。

保守党は自党の支持層が切り崩されると浮足《うきあし》だち、もともと埋め込まれていた内部の亀裂をさらに深めました。そして昨年の総選挙前に、キャメロン首相が党内の団結を図るため国民投票の実施を公約に掲げたのです。

総選挙の結果、保守党が単独過半数を獲得し、政治戦略としては功を奏したといえますが、内部対立の解を外部に求めた点で、無責任との批判もあります。

――ＥＵと加盟各国に今後どのような影響がありますか。

**遠藤**　大混乱の中、ＥＵと英国は脱退協定の交渉をしなければなりません。貿易、投資、漁業、人の移動、その他多くの議題が待っています。ＥＵ側の態度もバラバラで、懲罰的《ちょうばつてき》なフランスに対し、宥和的《ゆうわてき》なドイツが対立する構図です。

いずれにしても、ＥＵが英国との煩雑《はんざつ》な交渉に従事する間にも、テロや難民の問題は刻一刻と変化しています。喫緊《きっきん》の課題に取り組めなくなってしまう以上、統合は大幅に後退せざるを得ません。何より、域内第二位の経済大国であり、国連の安全保障理事会・常任理事国が抜けることによる、ＥＵの影響力低下は免《まぬか》れません。

また、今回の衝撃を受けて、他のＥＵ諸国も同様に国民投票を実施する可能性が高まるでしょう。いわゆる「コピーキャット（模倣）型の国民投票」です。反移民・反ＥＵ感情に揺さぶられる国内政治をまとめるため、各国が次々と「議会制民主主義の母」である英国の手法に倣《なら》っていくのです。

このような兆候《ちょうこう》は、他のＥＵ諸国ですでに見られます。ハンガリーも国民投票の実施を表明していますし、フランスの極右「国民戦線」のマリーヌ・ルペン党首も意欲的です。

英国に続き次々と国民投票が行われれば、まさに「コピーキャット型国民投票」のブーム到来というわけです。

## 統合と逆統合の綱引き

――今回の国民投票を含め、ユーロ危機、難民問題、テロ事件など、EUが立て続けに課題に直面する状況を「欧州複合危機」と遠藤教授は呼んでいますが……。

**遠藤**　ええ。「複合」には、同時多発性、連動性、多層性の三つの要素があります。危機は単発ではなく、それぞれが連動し、しかも国家や地域に多層的にまたがります。なかでも危機の核心は連動性にあり、英国民投票は最たる例です。自決への願望は各国に伝染していくでしょう。コピーキャット型の国民投票が行われていけば、危機が連動して続いていきま

英国民投票の開票は夜通し行われ、現地時間の6月24日明け方に大勢が判明した（AA／時事通信フォト）

す。ユーロ危機や（域内諸国間の自由移動について定めた）シェンゲン体制の課題に取り組むため、銀行同盟の完遂や域外国境警備の整備など、まだまだ集権化が求められています。連動する危機に足を引っ張られ、機能不全に陥《おちい》れば、各国で対応するため分権化を進めなければならない「逆統合」が進行してしまいます。

――ＥＵは終焉《しゅうえん》の方向へと進んでいるのでしょうか。

**遠藤**　大きな後退局面は到来しても、崩壊することはないと考えます。小さな「統合」と「逆統合」の綱引きを続けながら、独仏中心の同心円型の多国間連合へと再編されるのではないでしょうか。

英国は連動する危機の震源地にはなれますが、中核国ではないため、ＥＵに引導を渡す存在ではない。むしろ、独仏において右派ポピュリズム（大衆迎合主義）が勢力を伸ばし、リベラルな民主主義が立ち行かなくなるほうが、英国のＥＵ離脱よりも危機の度合いは深い。

右派政党の協力なしでは国家予算を成立させることができなくなり、協力の見返りとして国民投票が行われるような事態に独仏が直面した時、統合の理想は内部から崩壊し始めることになります。

——日本はじめ国際社会に、どのような影響が及びますか。

**遠藤**　右派ポピュリズムが席捲《せっけん》しているのは欧州だけではありません。EUが破綻《はたん》し、米国や他の民主主義国でも右傾化が進めば、第一次大戦と第二次大戦の戦間期《せんかんき》の様相に近づくのではないでしょうか。すなわち、平和への夢が破れてしまうような様相です。

現代社会のグローバル化はもはや「後戻り」のできない状況にまで深化しました。確かに、自決への願望は消え去ることはありませんが、独りよがりに騒いだとしてもグローバル化は進みます。

この乱気流をうまく乗り切るためには、各国が協働して操縦桿《かん》を握り、制御能力を高めていくしかありません。

万が一、リベラル民主主義の連携が崩壊すれば、それは日本にとっても決して望ましい環境ではないでしょう。自由と民主主義を掲げる国家の一員として、欧州の危機を「対岸の火事」だと捉《とら》えるべきではありません。

■取材メモ

国民投票前の六月十五日から渡英していた遠藤教授。保守党・労働党に縁ある地を取材し、英国独立党メンバーと議論するなど精力的に調査。投票日は夜通し開票速報を見守った。国際電話を通して、教授は「想像以上に社会の亀裂は深く、英国は分極化していました」と語ってくれた。

# あとがきにかえて

聖教新聞 外信部長　野山智章

本書には、生みの親と育ての親とも言うべき二人の恩人がいる。

生みの親とは、EU研究の第一人者である北海道大学大学院の遠藤乾《けん》教授である。

遠藤教授と初めてお会いしたのは二〇一四年の秋。著書『統合の終焉《しゅうえん》』（岩波書店）が第十五回読売・吉野作造賞を受賞されたばかりの頃で、この時は、スコットランド独立を問う住民投票についてお聞きし、聖教新聞のオピニオン欄に登場していただいた。

「崩壊もしないが国家にもならないＥＵ」を的確に叙述《じょじゅつ》した『統合の終焉』には、強い感銘を受けた。学術書としての精緻《せいち》さに加え、リアルなＥＵの息づかいを知ることができたからだ。

例えば、一九八八～八九年のジャック・ドロール欧州委員会委員長とマーガレット・サッチャー英首相の「世界観」を巡る激しい確執《かくしつ》や、ドロール体制を支える少数精鋭の官房を作り上げたパスカル・ラミー官房長の人物像など……。遠藤教授ならではの、組織と人間の綾《あや》を射貫《いぬ》く描写力と洞察の深さには舌を巻いた。

オックスフォード大学で博士号を得たことに加え、欧州委員会直轄《ちょっかつ》のシンクタンク「未来工房」専門調査員や欧州大学院大学で上級研究員を務めるなど、〝現場〟を踏まえた教授のＥＵ理解は卓抜《たくばつ》している。

二〇一四年のインタビュー取材を契機として、遠藤教授には、種々、アドバイスをお願いするようになる。そして、ブレグジットの結果が判明する二週間前の二〇一六年六月十日。英国に出発する直前だった遠藤教授に時間を割《さ》いていただき、外信部の樹下《きのした》 智《さとし》 記者を札幌に取材出張させた。英国民投票を巡って、教授の見解を再び、本紙オピニオン欄で紹介させていただくためである。

大方の予想は、国民投票は「ＥＵ残留派」の勝利であったが、遠藤教授は「残留派が大差で勝利」「残留派が僅差《きんさ》で勝利」「離脱派の勝利」の三つのシナリオの分析を樹下記者に提示した。たぶん、「離脱にはならないだろう」と思いながらも、樹下記者に予定稿を三通り用意するよう指示した。

そして迎えた六月二十四日。結果は、まさかの「離脱」。ただちにロンドンにおられた遠藤教授に電話でコンタクトをとった。遠藤教授は夜通し開票速報を見守られていて、結果が判明してからは仕事が殺到。「一時間ごとの（新聞・雑誌の）締め切りやテレビ出演で目が回るような状態」だったが、最終原稿をチェックしてくださった。

掲載日を当初の六月二十六日付から結果判明の翌二十五日付に繰り上げ、

インタビュー記事「『EU離脱』を決めた英国民投票」として掲載。本書の企画は、この日付のオピニオン欄から始まった。まさに遠藤教授は、生みの親であった。

もう一人、育ての親は、米国のシンクタンク、アメリカン・エンタープライズ政策研究所客員研究員の加瀬《かせ》みき氏である。加瀬氏は長年、ロンドンを拠点に西側同盟の研究を行ってこられた。

私が加瀬氏の著書『大統領宛 日本国首相の極秘ファイル』（毎日新聞社）を読んで感嘆し、二〇〇一年秋にワシントンDCで面談していただいてから早いもので十五年になる。その間、聖教新聞の文化欄で連載コラムをお願いしたり、米国や英国での大きなニュースのたびにコメントを求めてきた。

今回も、樹下記者の取材先の紹介や原稿へのアドバイスなど、多岐にわたり支えてくださった。加瀬氏の援助なくして、本書の発刊はあり得なかっただろう。

「戦後七十年以上にわたり欧州の平和を支えてきた枠組みが崩壊してしまうかもしれないような事態に、直面しているのではないか」――。本書は、こうした問題意識に立脚している。第一章第二回の「英国独立党（ＵＫＩＰ）を選んだ街」で触れているが、ＵＫＩＰのナイジェル・ファラージ元党首のように、大衆を煽動《せんどう》する右派ポピュリズム（大衆迎合主義）は、直近の米大統領選で注目を集めた「トランプ現象」でも顕著なように、全世界的な潮流となっている。

急速なグローバル経済に取り残された大衆の不安、政治家・官僚・マスコミなどの既存のエリート層に対する大衆の不信を吸収して、欧州のみならず世界各国で右派ポピュリズムが席捲《せっけん》している。遠藤教授は本紙オピニオン欄で次のように警鐘を鳴らしていた。

「ＥＵが破綻《はたん》し、米国や他の民主主義国でも右傾化が進めば、第一次大戦と第二次大戦の戦間期《せんかんき》の様相に近づくのではないでしょうか。すなわち、平和への夢が破れてしまうような様相です」
「戦間期」とは、ドイツにおけるヒトラー、イタリアにおけるムッソリーニ、日本における軍部が台頭したような様相を指す。二十一世紀の国際社会において、民主主義体制の一翼を担う日本にとっても、ブレグジットが提起する問題は、決して対岸の火事ではない。また、その背景を探り、何を主張すべきかを考察することは、一貫して平和を追求してきた創価学会の機関紙として重要な課題であると感じている。

英国出張を終えた樹下記者に、「最も印象に残った取材地はどこか？」と尋ねると、即座に「北アイルランドのベルファストです」と答えた。宗派対立によって今も分断されている街を歩き、あまりにも身近にある暴力の傷跡を見て、平和の脆《もろ》さを肌で感じたらしい。

平和には不断の努力が不可欠であり、まさに「建設は死闘。破壊は一瞬」である。

本書は、聖教新聞外信部［編］として発刊される最初の一冊である。私たちの思いを理解してくださり、本書の出版を決断してくださった第三文明社の方々に心から感謝申し上げたい。

二〇一六年十一月

新宿御苑の紅葉を望む東京・千駄ケ谷の聖教新聞社編集総局のオフィスにて

# 解題

北海道大学大学院教授　遠藤　乾

二〇一六年、先進国が世界を幾度も揺るがした。ふだんは平穏なベルギー・ブリュッセルにおける三月のテロ事件から、十一月のアメリカ大統領選でのトランプ候補の勝利にいたるまで、息つく暇もないほどである。

その間にあって、世界を驚かせたのが、本書の主題であるイギリスのEU国民投票であった。

これは、EUのメンバーシップに白黒つける単純なものであったが、その背景は大変に複雑なものである。樹下智氏は、本書『揺れる欧州統合　英国離脱の衝撃』において、なぜこのような現象に至ったのか、まるで知的パズルを楽しむかのごとく、迫ってゆく。それは、ご自身のことばを使えば、「英国人を知るための推理小説」（第一章第二回）のようだ。

聖教新聞の大型コラムとして連載されていた樹下氏の記事は、連載中から注目され、大手の新聞社を凌《しの》ぐ質と量で現地の息づかいを伝えるものと評判であった。今回、前後になされたインタビューなども織り交ぜ、それをサンドイッチする解説風のはしがきなどを付加する形で、統一感のある一冊の書物となり、さらにパワーアップされた印象がある。

その特色は三点にまとめられよう。

まず第一に、現地密着性である。目次と構成を見てもらえば分かるだろうが、ひとりでここまで広く現地取材をしたのは稀《まれ》なのではないかと思われる。同じイギリスといっても、諸地域に分かれ、多数のエスニシティが折り重なった多様な存在なのは、みな頭では分かっている。しかし、北は北アイルランド、スコットランドから、南はクラクトンまで歩き回り、タクシーの運転手や土産物店の店主から（のちに触れる）知識人まで、オックスフォードのような大学町から最貧のジェイウィック町まで、年金生活者から若者まで、リベラル左派から極右まで、多彩な地域、世代、階層、イデオロギーの人びとと話し込む姿はジャーナリストならではであり、その分、本書は現地の状況をリアルに伝える臨場感あふれるものとなっている。

第二に、時空間の広がりが、対象へのアプローチ、構え方の広さを物語っている点である。すでに取材におけるイギリス国内の地理的な広がりは記したが、それにとどまらず、樹下氏は隣国のオランダにまで足を延ばし、そこで大陸への含意を探っている。この地理的な広角アプローチが、ひるがえってイギリスの描写に奥行きを与えているのである。また、時間的な遠近法も見逃せない。第一章第七回で描かれた、イングランドとスコットランドの間に残るハドリアヌスの長城の訪問記は、イギリスの国民投票との関連付けをより突っ込んで深掘りしてもよかったとは思うけれども、歴史的な奥行きを読者に与え、国と国を隔《へだ》てる境界・国境に対する想像力を掻《か》き立てるものとなっている。第八回のボリス・ジョンソンと重ねたチャーチルの歴史的エピソードも同様である。

第三に、知識層との交錯が本書に深みをもたらしている。アナンド・メナンは今回の国民投票政治分析の全世界的なスポークスマンのようであったし、ジェームズ・ティリーもその世界では知られた欧州比較政治研究者である。そうしたカギとなる知識人を押さえながら、スコットランドのジュリエット・カーボ、在ロンドンのオランダ人シンクタンカーであるレム・コールタウェグ、他にも現地ジャーナリストを含めて、多くの知識人と話し込んだことが、本書が単なる現地報告で終わらず、「分析」に足を踏み入れるきっかけとなっているのはまちがいなかろう。

こうした三つの特徴が本書をたいへんユニークなものにしている。端的に言えば、それは、時空間の比較の目を持ち、現代政治分析的な深みを帯《お》びた、臨場感あふれる現地ルポに仕上がっているのである。

そうであるがゆえに、拾えている現地の人々のことばに、時折はっとさせられる。

たとえば、イギリス独立党（ＵＫＩＰ）が唯一国会に議席を持つクラクトンにて、樹下氏は七十歳になる離脱派の老人から以下のことばを引き出す（第一章第二回）。

「この三、四年で移民が増えて困っているからね。ロンドンばかり豊かになるのが気にくわない人も多いと思う。それにもう、ＥＵにああしろこうしろと指図《さしず》されたくないからね」

何げない見落としがちな数行の短い引用だが、このなかには、移民、格差、主権という今回の国民投票で決定的だったと考えられる三要素がすべてきっちり入っている。こういった発言は、じっくり話を聴くだけでなく、感度の良いアンテナを持っていないと、ドンピシャで的確に拾えないものである。

もう一つ例を挙げよう。大陸に足を延ばした先のオランダで、絨毯《じゅうたん》のセールスマンと話す場面が出てくる（第一章第五回）。

「福祉の〝ただ乗り〟目的の移民は御免《ごめん》だ。オランダも国境規制を始めるべき。

EUは拡大しすぎた。もう我々の税金を東欧につぎ込まないでほしい」

二〇〇四年の東方拡大はEUの加盟国を飛躍的に増やした。そのせいで、EUというのは、いったい誰のためにやっているの、というような戸惑《とまど》いと疑念が、オランダのような原加盟国にあって、もともと親ヨーロッパだった人たちの間で広がっている。樹下氏はこの引用を通じて、そのシーンを活写しているのである。

この発言を見せたのちに、ヘルト・ウィルダースという同国の右翼ポピュリズム政治家、自由党党首のことばを引用すると腑《ふ》に落ちるだろう。「我々は、自身の国、資金、境界、そして移民政策を管理したい」

絨毯のセールスマンは、ウィルダースは「過激すぎる」と強調していたそうだが、そう周囲に公言するかどうかは別として、次の選挙では彼の自由党に一票を入れるのではなかろうか。ウィルダースが見据えているのは、こうした戸惑いや疑念を持つ層なのである。

樹下氏のこのオランダ・ルポは、イギリスの国民投票が孤立した例ではないことをリアルに伝えている。これは、二〇一七年にオランダを含めて、独仏など主要国で大型の国政選挙が続き、ポピュリズムの連鎖に苛《さいな》まれるヨーロッパの近未来像を暗示しているようである。

と同時に、オランダの比例代表制と連立内閣の伝統が、そう簡単にはウィルダース政権の誕生に至らない制度的・歴史的要因として挙げられている。これは、結果的に、そうした連鎖がEUの崩壊に至るとする言説に対して、そう直線的なものでないことを示唆《しさ》していることになる。

そうした筆致《ひっち》にこそ、先に触れた臨場感あふれる現地ルポと分析的な目の結合が見て取れる。

なお、野山智章・聖教新聞外信部長のあとがきから、樹下氏が最も印象深かったところが、北アイルランド（第一章第三回）だったと知り、なるほどと首肯《しゅこう》するばかりであった。

ここは、私自身まだ訪れたことがなく、イギリスに関する国際報道もやや希薄になりがちな場所であるぶん、ルポ自体に興味津々《しんしん》であった。非常にヴィヴィッドで生き生きとした描写になっているのは、ルポしている本人が楽しんで現地の様子を伝えていたからなのが、いまになってよく分かる。

ここでも、樹下氏は、離脱派と残留派の亀裂が、長年の抗争の末やっと平和に行きついた北アイルランドの古傷を開けつつあるかもしれないという微妙な状況を、いまなお残るプロテスタント地区とカトリック地区の間の壁の紹介を通じてつぶさに報告するにとどまらない。その危うい状況が、平和をもたらした「九八年合意」が併せ持っていた「英国の一部でEUの一部でもあるという利点」をブレクジットが壊してしまったことに由来すると、冷静に看取《かんしゅ》している。

こうして、われわれは幸運にも、第一級の世界史的事件をまえにして、第一級の分析的現地ルポを手にしている。それを可能にした若きジャーナリストの誕生に、心より敬意を表し、解題に代えたい。

| | | |
|---|---|---|
| 2005年 | 5月29日 | フランスで国民投票が行われ、欧州憲法制定条約の批准を否決 |
| | 6月1日 | オランダで国民投票が行われ、欧州憲法制定条約の批准を否決 |
| 2007年 | 1月1日 | ブルガリアとルーマニアが加盟し、EUは27カ国へ拡大。スロベニアが13番目のユーロ導入国に |
| | 12月13日 | EU憲法の制定を断念し、既存条約を改正する形を取ったリスボン条約が調印（09年12月に発効） |
| 2008年 | 1月1日 | キプロスとマルタが14、15番目のユーロ導入国に |
| 2009年 | 1月1日 | スロバキアが16番目のユーロ導入国に |
| | 12月 | ギリシャ国債格付け引き下げでユーロ危機が始まる |
| 2010年 | 5月11日 | 英国でキャメロン保守党政権成立（～16年7月。15年5月までは自由民主党と連立） |
| 2011年 | 1月1日 | エストニアが17番目のユーロ導入国に |
| 2013年 | 1月23日 | キャメロン英首相が総選挙の公約にEU離脱の賛否を問う国民投票を掲げる |
| | 7月1日 | クロアチアが加盟し、EUは28カ国へ拡大 |
| 2014年 | 1月1日 | ラトビアが18番目のユーロ導入国に |
| | 9月18日 | 英国スコットランドで独立住民投票が行われ、反対55%で否決 |
| 2015年 | 1月1日 | リトアニアが19番目のユーロ導入国に |
| | 4月頃 | 地中海経由での欧州への難民が激増。15年の難民申請が120万人を超える |
| | 5月7日 | 英国総選挙で保守党が大勝。キャメロン首相がEU国民投票の実施を明言 |
| 2016年 | 6月23日 | 英国でEU国民投票が実施され、離脱が52%で勝利。結果が判明した6月24日、キャメロン首相が辞意を表明 |
| | 7月13日 | キャメロン英首相の辞任を受け、内相だったテリーザ・メイ氏が首相に就任 |
| | 10月2日 | メイ英首相が保守党大会で、17年3月までにEUとの離脱交渉を始める意向を表明 |

パスカル・フォンテーヌ著『EUを知るための12章』（駐日欧州連合代表部）などをもとに作成

| | | |
|---|---|---|
| 1985年 | 1月7日 | ドロールが欧州委員会委員長に就任 |
| | 6月14日 | EC加盟国間の国境での検問を廃止することを目的としたシェンゲン協定調印 |
| 1986年 | 1月1日 | ポルトガルとスペインが加盟し、ECは12カ国へ拡大 |
| | 2月 | 欧州単一市場の構築の目標期限を1992年12月と定めた「単一欧州議定書」が調印(87年7月に発効)。以降、ドロールとサッチャーの統合を巡る世界観が衝突する |
| 1988年 | 9月20日 | サッチャーがベルギー・ブリュージュの欧州大学院で講演。「欧州は、それぞれの国が、自らの習慣、伝統、アイデンティティーを保つから強力になる」と主張した演説は、欧州懐疑派に多大な影響を与え、後に、英保守党内に反EUの「ブリュージュ・グループ」が結成される |
| 1992年 | 2月7日 | 欧州連合(EU)を発足させるEU条約がオランダ・マーストリヒトにて調印 |
| 1993年 | 1月1日 | 単一市場が始動 |
| | 9月3日 | 英国のEU離脱を目指す英国独立党が結党 |
| | 11月1日 | EU条約が発効されEUが発足 |
| 1995年 | 1月1日 | オーストリア、フィンランド、スウェーデンが加盟し、EUは15カ国へ拡大 |
| 1997年 | 5月2日 | 英国でブレア労働党政権成立(〜2007年6月)。イングランド以外への権限委譲を推進し、住民投票の結果、スコットランドとウェールズに議会が設立される(99年) |
| 1998年 | 4月10日 | ベルファスト合意により北アイルランド和平が成立。アイルランド南北統一派と英国統治派の両派が参画する議会が設立されることに |
| 1999年 | 1月1日 | EU加盟11カ国がユーロを導入。金融市場での非現金取引で自国通貨の代わりに使用される。EUの金融政策は欧州中央銀行に一元化。2001年にはギリシャが12番目のユーロ導入国に |
| 2002年 | 1月1日 | ユーロ圏12カ国でユーロ紙幣・硬貨の流通開始 |
| 2004年 | 5月1日 | 東欧10カ国が加盟し、EUは25カ国へ拡大 |
| | 10月29日 | 25カ国の首脳がローマで欧州憲法制定条約に調印 |

## 【資料】欧州統合・略年表

| | | |
|---|---|---|
| 1939年 | 9月1日 | ドイツ軍がポーランド侵攻。第2次世界大戦が始まる |
| 1940年 | 5月10日 | チャーチル挙国一致内閣成立 |
| 1945年 | 5月7日 | ドイツ降伏 |
| | 7月26日 | 英国でアトリー労働党政権が成立(～51年10月) |
| 1946年 | 9月19日 | チャーチルがチューリヒ大学での演説で「欧州合衆国」の創設を提唱 |
| 1950年 | 5月9日 | フランス外相ロベール・シューマンがジャン・モネの構想を具体化するためのスピーチを行う(シューマン宣言)。新たな機関でフランスとドイツ連邦共和国が他の欧州諸国と共に石炭・鉄鋼資源を共同で管理することを提案 |
| | 6月2日 | 英労働党政権がシューマン・プランへの不参加を決定 |
| 1951年 | 4月18日 | 欧州石炭鉄鋼共同体(ECSC)設立条約がパリにて調印。調印国は、ベルギー、フランス、ドイツ連邦共和国、イタリア、ルクセンブルク、オランダの6カ国 |
| | 10月26日 | 英国で第2次チャーチル保守党政権成立(～55年4月) |
| 1957年 | 3月25日 | ECSC6カ国が、ローマにて欧州経済共同体(EEC)設立条約および欧州原子力共同体(ユートラム)設立条約(ローマ条約と総称)に調印 |
| 1965年 | 4月8日 | 欧州3共同体(ECSC、EEC、ユートラム)の各機関を単一の理事会と単一の委員会に統合する条約(ブリュッセル条約)調印 |
| 1967年 | 7月1日 | ブリュッセル条約が発効。欧州3共同体の統合体である欧州共同体(EC)が発足 |
| 1973年 | 1月1日 | 英国、デンマーク、アイルランドが加盟し、ECは9カ国へ拡大。72年、ノルウェーは国民投票の結果、加盟条約の批准を否決 |
| 1975年 | 6月5日 | 英国で国民投票が行われ、EC残留が決定 |
| 1979年 | 5月4日 | 英国でサッチャー保守党政権成立(～90年11月) |
| 1981年 | 1月1日 | ギリシャが加盟し、ECは10カ国へ拡大 |

揺《ゆ》れる欧州統合《おうしゅうとうごう》　英国離脱《えいこくりだつ》の衝撃《しょうげき》

2017年1月26日　初版第1刷発行

編　者　聖教新聞《せいきょうしんぶん》 外信部《がいしんぶ》
発行者　大島光明
発行所　株式会社　第三文明社
東京都新宿区新宿1-23-5
郵便番号 160-0022
電話番号 03-5269-7144(営業代表)
03-5269-7145(注文専用)
03-5269-7154(編集代表)
振替口座 00150-3-117823
URL　http://www.daisanbunmei.co.jp

印刷・製本　藤原印刷株式会社


ISBN 978-4-476-03364-9